En couverture :

Dessin de Corinne VENOT, d'après une figurine yoruba du Nigéria représentant un couple d'Edan (Musée des Arts Africains et Océaniens, nº M.N.A.N. 69.8.1).

ÉTUDES COMPARATIVES

Oubanguien et Niger-Congo — Nilo-Saharien

SOCIÉTÉ D'ÉTUDES LINGUISTIQUES ET ANTHROPOLOGIQUES DE FRANCE

65

Raymond BOYD
France CLOAREC-HEISS

ÉTUDES COMPARATIVES

1. Etude préliminaire à une dialectologie banda
2. A propos des ressemblances lexicales entre langues Niger-Congo et Nilo-Sahariennes

Publié avec le concours du
CENTRE NATIONAL DE LA RECHERCHE SCIENTIFIQUE

1978

ISBN 2-85297-035-X

RÉSUMÉS

Raymond BOYD, France CLOAREC-HEISS - Etudes comparatives : Niger-Congo-Nilo-Saharien et Oubanguien. 1978, Paris, SELAF (Bibliothèque, 65)

Le groupe banda a toujours été considéré comme une entité homogène. Le premier article de cet ouvrage est une tentative de classification de onze langues différentes dont l'appartenance au groupe est certaine. Partant de considérations aux niveaux phonologique et lexical, il pose les jalons d'une classification future de l'ensemble des langues du groupe.

Le deuxième article présente les résultats d'enquêtes lexicales extensives sur de nombreuses langues parlées au Cameroun et en Centrafrique. Toutes ces langues appartiennent aux branches "Benue-Congo" et "Adamawa-Eastern" de la famille Niger-Congo (Greenberg), sauf deux qui sont à classer dans la famille nilo-saharienne. S'il n'est pas à attribuer à des convergences régionales, le nombre de racines communes aux langues des deux familles qui présentent des correspondances relativement régulières, peut contribuer à étayer l'hypothèse, déjà énoncée (Gregersen), de l'existence d'un rapport génétique entre ces deux familles.

Raymond BOYD, France CLOAREC-HEISS - Studies in comparative linguistics : Niger-Congo — Nilo-Saharan and Ubanguian. 1978, Paris, SELAF (Bibliothèque, 65).

It has been the custom to consider the Banda group to be relatively homogeneous. The first article in this work proposes a classification of eleven different languages belonging to this group. Phonological and lexical considerations are advanced to lay the groundwork for subsequent classification of the group as a whole.

The second article presents the results of short lexicographical surveys carried out on numerous langues of the Cameroun and Central Africa. All belong to the "Benue-Congo" and "Adamawa-Eastern" branches of the Niger-Congo family (Greenberg), with the exception of two, which are Nilo-Saharan. Unless attributable to regional affinities, the number of roots to be found in the languages of both families, showing relatively regular correspondances, may support Gregersen's hypothesis of a genetic relation between these families.

Raymond BOYD, France CLOAREC-HEISS - Estudios de lingüistica comparada : Niger-Congo — Nilo-Saharience y Ubangience. 1978, Paris, SELAF (Bibliothèque 65).

Siempre se ha considerado el grupo banda como una entidad homogénea. El primer artículo de esta obra pretende clasificar once lenguas diferentes cuya pertenencia al grupo no deja lugar a dudas. A partir de consideraciones de fonología y vocabulario, traza el camino para une clasificación futura de todas las lenguas del grupo.

El segundo artículo presenta los resultados de encuestas léxicas extensivas acerca de numerosas lenguas del Camerún y de Centroáfrica. Todas estas lenguas pertenecen a las ramas "Benue-Congo" y "Adamawa-Eastern" de la familia Niger-Congo (Greenberg), salvo dos que encuentran su lugar en la familia nilo-sajariana. En caso de no atribuirse a convergencias regionales, el número de raices comunes a las lenguas de las dos familias podría constituir un punto de apoyo para la hipótesis enunciada por Gregersen, de la existencia de una relación genética entre estas dos familias.

Раймонд БОЙД, Франс КЛОАРЕК-ГЕЙС - Сравнительная лингвистика: 1.Диалектология по языковой группе банда. 2. Языковые семьи нигерийско-конголезская и нильско-сахарская.
1978, Paris, SELAF (Bibliothèque 65)

Языковая группа банда уже задавно рассматривается как однородная единица.Первая статья этой книги представляет собою первую попытку классификации одиннадцати разных языков принадлежность которых к данной группе не вызывает сомнения. Исходя из фонологических и лексических соображений, в статье ставятся вехи к будущей классификации всех языков этой группы.

Во второй статье даются результаты экстенсивного опрашивания (анкетирования) по лексике языков разных населений Камеруна и Центрафрики. Все эти языки принадлежат к ветви "бенуе-конго" и "Adamawa-Eastern" нигерийско-конголезской семьи (по Гринбергу), за исключянием двух, которые принадлежат, по той же классификации, нильско-сахарской семье.Довольно значительное число общих для языков обеих лингвистических семей корней - если эта общность не является результатом географическо-ареальных совпадений - и которые представляют относительно равномерные звуковые соответствия, могли бы подкрепить уже высказанное Грегенсеном предположение о генетической связи между этими двумя языковыми семями.

ÉTUDES COMPARATIVES

SOMMAIRE

France CLOAREC-HEISS

ÉTUDE PRÉLIMINAIRE A UNE DIALECTOLOGIE BANDA

1. Situation linguistique

1.1. Le *banda* est la langue de l'ethnie du même nom parlée par près de 400.000 personnes en Centrafrique et 80.000 environ au Zaïre. Les Banda occupent la moitié Est du territoire centrafricain et la partie Nord-Ouest du Zaïre située dans la boucle de l'Oubangui jusqu'à son confluent avec la rivière Lua, au sud de Libengo.

Le banda a été considéré jusqu'à nos jours comme un groupe linguistique homogène bien que comportant un très grand nombre de dialectes. GREENBERG (1966) le situe dans la branche orientale du sous-groupe Adamawa-Eastern du groupe Niger-Congo, entre le 1 (gbaya, manza, ngbaka) et le 3 (ngbandi, sango, yakoma). Il ne fait pas allusion à la diversité linguistique que recouvre le terme "banda".

1.2. TUCKER et BRYAN (1956, 1966) lui attribuent le statut de "language group" formant avec le gbaya et le ngbandi une "larger unit". Par "language groupe" il faut entendre ici *banda* constituant un "dialect cluster" (de 48 dialectes) et le golo parlé au Soudan.

Avant même ces travaux, TISSERANT proposait une classification des dialectes. Il répartissait 44 dialectes en 6 groupes. Si le banda a été considéré comme un groupe aussi homogène, il est vraisemblable qu'il le doive au fait qu'il se différencie assez fortement des autres langues oubanguiennes aux plans phonologique et morphologique, et que nombre de langues banda (même si elles ne permettent pas l'intercompréhension) ont en commun des particularités non attestées ailleurs. Nous voulons souligner ici que le seul terme *banda* recouvre une réalité linguistique beaucoup plus disparate que celle désignée par les deux termes "sango-yakoma" par exemple.

2. Documentation

1.3. Le présent travail porte sur onze parlers banda. A côté d'une importante documentation sur le **lìndá** (dont nous effectuons par ailleurs une description approfondie), nous disposons d'une documentation assez hétérogène constituée des matériaux suivants :

- 780 termes et un millier d'énoncés recueillis à partir du questionnaire d'enquête extensive (QEX)[1] pour le **yākpà**, **gbî**, **làngbàsī** et **mbānzā**,
- 350 termes pour le **ngbúgù**,
- 223 termes recueillis à partir du questionnaire d'inventaire linguistique (QIL)[1] pour le **ngùndù** (de Bianga) et **ngbùndù** (de Mongoumba),
- 175 termes en **kpágùà** (de Kouango),
- 79 termes en **gūbú**[2].

Pour le **mbānjā**, nous avons puisé nos documents dans l'*Etude grammaticale de la langue mbàndʒà*, à laquelle fait suite un lexique, de Théobald TINGBO.

1.4. Selon la classification de TISSERANT, les onze parlers recensés ici se classeraient comme suit :

dialecte banda : **lìndá** (de Ippy), **yākpà** (de Kouango)

dialecte langwasi : **làngbàsī** (de Kouango), **ngbúgù** (de Mobaye)

dialecte ngobou : **gūbú** (de Kouango), qui pourrait éventuellement se rattacher au groupe langwasi (selon TISSERANT)

dialecte dakpa : **gbî** (de Grimari)

dialecte banza : **mbānzā** (de Mongoumba), **mbānjā** (de Bujala, Zaïre)

Le **ngùndù** et le **ngbùndù** ne sont mentionnés que par TUCKER et BRYAN qui ne proposent pas de classification. Le **kpágùà** n'a jamais été mentionné.

Il est très difficile, lorsqu'on aborde une langue banda, de la situer par rapport aux autres langues du groupe. L'enquête externe ne donne que de vagues indications ; le sentiment du locuteur et le critère d'intercompréhension ne sont certes pas à négliger ; ce

---

[1] Etablis par le Groupe de Recherche 32 du CNRS (ex-E.R. 74).

[2] Les enquêtes sur le **ngbùndù**, **ngùndù**, **kpágùà** et **gūbú** ont été effectuées par L. BOUQUIAUX et J. THOMAS qui les ont aimablement mises à notre disposition. Nous voulons ici les en remercier.

sont cependant des "outils" à utiliser avec précaution. Il est en effet très difficile de vérifier si un locuteur, qui dit comprendre tel idiome qui n'est pas sa propre langue, est représentatif de son groupe (plus ou moins apte à décoder les correspondances), si la compréhension totale ou partielle n'est pas facilitée par un apprentissage parfois inconscient de la langue en question, et il est plus difficile encore de mesurer le degré d'intercompréhension. Ces renseignements doivent cependant être soigneusement recueillis en début d'enquête, ils seront plus utiles *a posteriori*.

1.5. En préliminaire à une classification des langues banda, nous souhaitons, ici, mettre en relief les principales différences dégagées par une comparaison des phonologies et en déduire des hypothèses de classification. Ce seul point ne sera, bien évidemment, pas suffisant puisque, à la limite, on pourrait imaginer que deux langues ont le même système phonologique sans être aucunement apparentées. Nous avons donc effectué en outre, à partir d'une liste de 80 termes, une ébauche de comparaison lexicale. Dans la dernière partie du présent travail, nous confrontons les deux hypothèses de classification.

3. Phonologies

1.6. làngbàsī : 31 consonnes en 9 ordres et 6 séries

ʔb								ʔ
p	f	t	s	ʃ	c	k	kp	
b	v	d	z	ʒ	j	g	gb	
mb		nd		nj		ng	ngb	
m		n		ɲ				
		l		y		ʀ	w	h

8 voyelles

i	ɨ	u
e	ə	o
	a	ɔ

ngbúgù : 30 consonnes en 9 ordres et 5 séries

p	f	t	s	ʃ	c	k	kp	ʔ
b	v	d	z	ʒ	j	g	gb	
mb		nd		nj		ng	ngb	
m		n		ɲ				
		l		y		ʀ	w	h

8 voyelles

i	ɨ	u
e	ə	o
	a	ɔ

ngùndù : 32 consonnes en 8 ordres et 7 séries

?b						?	
p	f	t	s	ʃ	c	k	kp
b	v	d	z	ʒ	j	g	gb
mb		nd		nj		ng	ngb
m		n		ɲ			
		l		y		(h)	w
	v̂	r					

8 voyelles

i	ɨ	u
e	ə	o
	a	ɔ

kpágùà : 32 consonnes en 8 ordres et 7 séries

8 voyelles

Le système phonologique du **kpágùà** est strictement identique à celui du **ngùndù**.

1.7. **gūbú** : 31 consonnes en 9 ordres et 6 séries

p	(f)	t	s	ʃ	c	k	(kp)	?
b	v	d	z	ʒ	j	g	gb	
mb		nd		nj		ng	ngb	
m		n		(ɲ)				
		l		y			w	(h)
	v̂	r						

8 voyelles

i	ɨ	u
e	ə	o
	a	ɔ

ngbùndù : 32 consonnes en 8 ordres et 7 séries

Le système consonantique du **ngbùndù** est identique à celui du **ngùndù** et du **kpágùà**.

9 voyelles

i	ɨ	u
e	ə	o
ɛ	a	ɔ

mbānzā : 29 consonnes en 7 ordres et 6 séries

ʔb					ʔ	
p	f	t	s	c	k	kp
b	v	d	z	j	g	gb
mb		nd	nz		ng	ngb
m		n	ɲ			
	v̂	l	y		h	w

15 voyelles

9 orales :

i	ɨ	u
e	ə	o
ɛ	a	ɔ

6 nasales :

ḭ	ɨ̰	ṵ
ḛ		o̰
	a̰	

mbānjā : 32 consonnes en 8 ordres et 6 séries

ʔb		ʔd				ʔ	
p	f	t	s	ʃ	c	k	kp
b	v	d	z	ʒ	j	g	gb
mb		nd		nj		ng	ngb
m		n		ɲ			
	v̂	l		y		h	w

14 voyelles

9 orales :

i	ɨ	u
e	ə	o
ɛ	a	ɔ

5 nasales :

ḭ		ṵ
ḛ		o̰
	a̰	

1.8. gbî : 33 consonnes en 8 ordres et 7 séries

ʔb		ʔd				ʔ	
p	f	t	s	ʃ	c	k	kp
b	v	d	z	ʒ	j	g	gb
mb		nd		nj		ng	ngb
m		n		ɲ			
		l		y		h	w
	v̂	r					

8 voyelles

i	ɨ	u
e	ə	o
	a	ɔ

lìndá : 32 consonnes en 9 ordres et 6 séries

p	f	t	s	ʃ	c	k	kp	?
b	v	d	z	ʒ	j	g	gb	
mb	mv	nd		nj		ng	ngb	
m		n		ɲ				
		l		y			w	h
	v̂	r						

8 voyelles

i	ɨ	u
e	ə	o
	a	ɔ

yākpà : 31 consonnes en 9 ordres et 6 séries
Le système consonantique et vocalique du yākpà est identique à celui du gūbú.

En ngùndù, kpágùà, gūbú et ngbùndù, le faible volume de la documentation traitée n'a pas permis de faire apparaître tous les phonèmes ; on peut raisonnablement supposer que ceux qui sont indiqués entre parenthèses sont attestés. De même, en kpágùà, gūbú et ngbùndù, l'opposition s/ʃ et z/ʒ n'a pas pu être établie avec une absolue certitude ; elle est cependant très probable.

4. Comparaison phonologique

1.9. L'examen des onze phonologies présentées révèle une évidente parenté. Elles partagent, en effet, un grand nombre de caractéristiques, même si nous trouvons 8 systèmes consonantiques et 4 systèmes vocaliques différents pour les onze langues. Le nombre de consonnes varie de 29 à 33, et celui des voyelles de 8 à 15 (le chiffre supérieur s'expliquant par l'existence de voyelles nasales). Pour les consonnes, on relève de 7 à 9 ordres et de 5 à 7 séries.

Toutes les langues de ce groupe présentent une structure à syllabe ouverte et un système tonal à trois registres.

A. Consonnes

1.10. 1. *Les palatales* : La richesse de l'ordre palatal est une des principales caractéristiques du groupe. Dix des onze langues étudiées ici présentent trois sous-ordres : sifflantes, chuintantes et affriquées (réalisées [tʃ] et [dʒ]) pour les séries sourdes et sonores, et un sous-ordre pour les séries mi-nasales, nasales et continues ; en effet, aucune de ces langues n'a d'opposition nz/nj. Le mbānzā, qui n'utilise que l'opposition s/c et z/j, réalise la mi-nasale [nz] ;

cette langue, parlée à la périphérie sud-ouest du pays banda, a subi une réduction de l'opposition s/ʃ, z/ʒ, comme l'atteste le tableau suivant :

	mbānzā	mbānjā	làngbàsī	lìndá
remplir	sū	sū	sɨ̄	sū
être amer	sū	ʃū	ʃū	ʃū
enfanter	zū	zū	zū	zū
brûler	zū	ʒū	ʒū	ʒū

Cette évolution, qui va dans le sens de la simplification du système, a très certainement été favorisée par la présence, dans la même région, de langues qui ne connaissent que les phonèmes s et z (langues ngbaka-monzombo ou bantoues : isongo, ngando et aka).

Ce premier critère nous permet de distinguer les langues à trois palatales, *groupe 1* : làngbàsī, ngbúgù, ngùndù, kpágùà, gūbú, mbānjā, yākpà, lìndá et gbî, d'une langue à deux palatales, *groupe 2* : mbānzā.

1.11. 2. *La vibrante labio-dentale* ⱱ̂ : Ce phonème se réalise sans occlusion ni friction. Les dents et/ou la lèvre suprérieures viennent, dans un premier temp, couvrir complètement la lèvre inférieure sans qu'il y ait de véritable occlusion. Dans le second temps de la réalisation, la lèvre inférieure est violemment rejetée à l'extérieur en un battement ; la réalisation est toujours sonore. Il est attesté dans les neuf langues qui font, par ailleurs, usage de la distinction l/r ou qui, ne connaissant pas cette opposition, réalisent le intervocalique comme une vibrante battue [ɾ]. Il est absent en làngbàsī et ngbùgù, qui ont l et ʀ réalisé comme une spirante vélaire sonore [ʁ]. Il apparait donc que, lorsque ⱱ̂ ne peut s'opposer à une autre vibrante, il disparait, et ce d'autant plus facilement qu'il est d'une fréquence très faible dans tous les idiomes décrits ici. En làngbàsī, les correspondances sont les suivantes :

	langbasi	linda
rond	wírə́	ⱱ̂ìrə̀
jeter	fī	ⱱ̂ī

Pour la majorité des termes ou le lìndá présente un ⱱ̂, le làngbàsī et le ngbúgù ont recours à une autre racine.

Sur cette base, nous distinguerons deux groupes :

groupe 1 : ngùndù, kpágùà, gūbú, ngbùndù, mbānzā, mbānjā, yākpà, lìndá, gbî ;

groupe 2 : làngbàsī, ngbúgù.

1.12. 3. *L'opposition* l/r, *le phonème* R : Sept langues présentent cette opposition : le ngùndù, kpágùà, gūbú, ngbùndù, gbî, lìndá et yākpà ; deux langues n'en font pas usage : le mbānzā et mbānjā ; deux autres n'ont pas de vibrante, mais la spirante vélaire R : le làngbàsī et le ngbúgù. Dans ces deux dernières langues, le R correspond toujours au r, dans les langues où il existe, et au l dans les autres :

	langbasi	mbanja	linda
chose	RəRə̀	lɨ̀lɨ̀	ə̀rə̀

Le mbanza et le mbanja réalisent le phonème l [l] à l'initiale et [ɾ] à l'intervocalique.

Groupe 1 : ngùndù, kpágùà, gūbú, ngbùndù, gbî, lìndá, yākpà.

Groupe 2 : mbānzā, mbānjā.

Groupe 3 : làngbàsī, ngbúgù.

Les deux langues du groupe 2 ont vraisemblablement perdu cette distinction sous l'influence des langues voisines (monzombo pour le mbānzā et ngbaka du Zaïre pour le mbānjā), qui ne connaissent pas cette distinction.

1.13. 4. *Les mi-nasales* : L'ensemble des systèmes atteste une série de mi-nasales bien représentée : 5 phonèmes de ce type sont attestés dans dix langues ; le lìndá fait en outre usage du mv. L'entrée "cendres", dans le tableau comparatif qui fait suite, nous montre que ce mv correspond au v dans les autres langues. Par ailleurs, le verbe "chanter" révèle une correspondance mv/ˀb dans certaines langues, et mv/b dans d'autres.

	ld	lgbs	ngd	kpg	ngbd	mbz	mbj	gb	ykp	ngbg
chanter	mvī	ˀbī	ˀbī	ˀbī	ˀbī	ˀbī	ˀbī	ˀē	bī	bī

Ce quatrième critère permet donc de distinguer deux nouveaux groupes :

Groupe 1 : làngbàsī, ngùndù, kpágùà, ngbùndù, mbānzā, mbānjā, gbî, yākpà, ngbúgù ;

Groupe 2 : lìndá.

Les données ne nous ont pas permis de situer le gūbú par rapport à ce critère.

1.14. 5. *Les glottales* : Selon les langues, on relève 1 à 3 articulations glottales ou glottalisées. L'occlusive glottale est commune à toutes, cinq possèdent en outre le ʔb et deux attestent également le ʔd. Le ʔb correspond à **mv**, à **b**, ou à **g**, selon les langues et selon les items :

	ngbùndù	mbānjā	mbānzā	ngùndù	kpágùà	gūbú	yākpà
deux	ʔbīsè	ʔbīsì	bīsì	bīsè	bīsà	bīsì	
frapper	ʔbī	ʔbī	ʔbī	ʔbī	ʔbī	dā	dā
vers	ʔbá	ʔbá	ʔbá	ʔbá		gá	gá
père	àbá	àbá	àbá	àʔbà	àbá	àbá	

Le ʔd correspond à **d** ou **r** :

	mbānjā	ngbúgù	yākpà	lìndá	mbānzā
singe sp. (cercop.)	kɔ́ʔdɔ̀	kɔ́dɔ̀	kɔ́dɔ̀	kɔ́rɔ̀	kɔ́ì

Quand il existe, ce phonème semble avoir un taux de fréquence extrêmement faible (trois fois attesté dans le corpus **gbî**, qui compte un millier d'éconcés). Il semble qu'il ait été acquis par contact. En effet, le **gbî** et le **mbānjā** sont parlés dans des régions où l'on rencontre également des langues du groupe gbaya-manza-ngbaka. Le **gbî** constitue un îlot linguistique banda en pays manza, et le **mbānjā** est en contact étroit avec le ngbaka du Zaïre. Or, ces langues présentent une série de trois glottales : ʔb, ʔd et ʔ.

B. Voyelles

1.15. Au plan des voyelles, le **bàndà** se caractérise par l'existence de voyelles centrales qu'il est le seul à présenter à la fois dans la région où il se parle et dans son groupe linguistique. Les onze langues étudiées ici attestent deux voyelles centrales (autre que **a**) : une est fermée, non arrondie et plus ou moins postérieure (ɨ), l'autre est d'aperture moyenne et neutre par rapport à l'arrondissement (ə).

Sept d'entre elles ont un système déséquilibré par l'absence de ɛ, alors que ɔ est attesté dans toutes. On peut supposer que ce ɔ n'a été que récemment phonologisé. Il résulte notamment de la succession **oa**, comme les doublets de type **āgōā/āgɔ̄** "buffle" le montrent.

1.16. 1. *La voyelle* ɛ : Elle est attestée en **mbānzā**, **mbānjā**, **ngbùndù** et **ngbúgù**. Ce sont des langues de la périphérie sud-ouest (pour les trois premières) et sud (**ngbúgù**), en contact avec celles du groupe ngbaka-gbanzili-monjombo et gbaya-manza-ngbaka (respectivement divisions 5 et 1 de la branche orientale dans le sous-groupe Adamawa-Eastern défini par GREENBERG), qui présentent un système à 7 voyelles orales (**i, e, ɛ, a, ɔ, o, u**) et 5 nasales (**ḭ, ḛ, a̰, o̰, ṵ**). Il semble que la proximité de ces langues ait favorisé l'acquisition du ɛ en **mbānzā, mbānjā, ngbùndù** et **ngbúgù** en accélérant le processus de phonologisation de ce son. Les faits indiquent que l'intégration du ɛ est en cours dans les autres langues banda. Ainsi, en **lìndá** ou **yākpà**, nous trouvons des réalisations [ɛ] non phonologiques de successions **ia** ou **ae** :

[tēnɛ́] tənā.yē
[màgɛ̀] màgìà
[gɛ́] gáé

Dans les quatre langues où il existe, ɛ est encore peu fréquent. On le trouve dans le vocabulaire animalier, et il s'agit alors vraisemblablement d'emprunt aux langues voisines (**mbānjā** : **ngɔ́ˀbɛ́** "épervier", **ngɛ́lɔ́** "grillon" ; **mbānzā** : **mbɛ̄ngɛ̄** "phacochère"), dans des mots empruntés au français (**fɛ̀rɛ̂r** "fleur", **màsɛ́lɔ̀** "ma soeur") ou dans des termes banda qui présentent une succession [**ia**] dans les autres parlers :

	ngbùndù	lìndá
animal	gɛ̀	àgìà
serpent	ɛ̄kɔ́lɔ́	yākɔ́rɔ́
femme	ɛ̄sē	yāʃē

Ce critère permet à nouveau de distinguer deux groupes :

groupe 1 : **làngbàsī, ngùndù, kpágùà, gūbú, yākpà, lìndá, gbî** ;
groupe 2 : **mbānzā, mbānjā, ngbùndù, ngbúgù**.

1.17. 2. *Les voyelles nasales* : Seuls le **mbānzā** et le **mbānjā** font usage de voyelles nasales phonologiques. Les autres langues connaissent parfois des réalisations nasales de voyelles quand celles-ci suivent ou précèdent une consonne nasale ou mi-nasale (V + N = [V̰], N + V = [V̰], V + 1/2N = [V̰]), plus particulièrement après ɲ, qui entraîne dans certaines langues quasi-automatiquement la nasalisation de la voyelle suivante. Nous devons souligner un stade plus avancé de l'évolution en **yākpà** où nous trouvons **vò̰** "propre" correspondant à **mvò** en **lìndá**. Ce cas étant le seul à permettre une interprétation de voyelle nasale phonologique, il n'a pas été possible de conclure à l'existence d'un système qui se composerait d'une seule voyelle. Dans sa description du mbānjā, T. TINGBO ne relève pas de voyelle centrale nasale, alors que ce phonème est bien attesté en mbānzā : fɨ̄̃ "pourrir" et ə̃́mɨ̃́ "huile".

Groupe 1 : làngbàsī, ngbúgù, ngùndù, kpágùà, gūbú, yākpà, lìndá, ngbùndù ;

Groupe 2 : mbānzā, mbānjā.

C. Structure syllabique

1.18. Dans le lexique, pour une forte proportion des termes désignant des parties du corps, des éléments ou des instruments, on a pu noter une correspondance régulière entre les trois structures syllabiques : CVCV, VCV et CV.

	lgbs	ngbg	mbnz	mbnj	ngbnd	ngnd	kpg	gb	lnd	ykp	gbî
bouche	màmà	màmà	màmà	màmà	mà	àmà	àmà	àmà	àmà	àmà	àmà
oeil	làlà	làlà	célà	làlà	là	àlà	àlà	àlà	àlà	àlà	àlà
dent	ʒīʒī	ʒīʒī	zīzī		zī	əʒ̄ī	īzī	əzɨ̄	ēʒī	əʒ̄ī	īzī
oreille	tūtū	tūtū	tūtū	tɨ̄tɨ̄	tū	ətū	ətū	ətū	ōtū	ōtū	ōtū
cou	gɨ̄gɨ̄	gɨ̄gɨ̄	gɨ̄gɨ̄	gəgə	gɨ̄	əgɨ̄	əgɨ̄	əgɨ̄	əgɨ̄	əgɨ̄	ēgī
sein	ngòngò	ngòngò	ngɔ̀ngɔ̀	ngɔ̀ngɔ̀	ngɔ̀	ɔ̀ngɔ̀	ɔ̀ngɔ̀	ɔ̀ngɔ̀	ɔ̀ngɔ̀	àngò	ɔ̀ngɔ̀
jambe	dàdà	dàdà	dà	dàdà	dà	àdà	àdà	àdà	ōnū	ōnū	àdà
sang	ʒīʒī	ʒīʒī	zī	zīzī	zī	ənjī	ənjī	ənjī	ənjī	ēzī	ēnjī
peau	kpòtò	kpɔ̀tɔ̀	kɔ́kɔ́	kɔ́kɔ́	kɔ́	ákɔ́	ɔ́kɔ́	ákɓá	ákɓá	ákɓá	ɔ́kɔ́
corne	dùdù	dɨ̀dɨ̀	ədɨ̀	dèdè	dɨ̀	ədɨ̀	ìdì	əzɨ̄	ədɨ̀	ədɨ̀	ədù
feu	wòwò	wòwò	wòwò	wòwò	wò	òwò	òwò	ɔ̀wɔ̀	òwò	òwò	òwò
soleil	lòlò	lɔ̀lɔ̀	lɔ̀lɔ̀	lɔ̀lɔ̀	òlò	àlɔ̀	òlò	àlɔ̀	àlɔ̀	àlɔ̀	əlò
terre	ʃòʃò	ʃòʃò	ɛ̀sɔ̀	ʃòʃò	àʃɔ̀	àʃɔ̀	àʃɔ̀	ɔ̀ʃɔ̀	àʃɔ̀	àʃɔ̀	əʃò
lance	dūdū	dɨ̄	dūdū	dɨ̄dɨ̄	dū	ədū	ūdū	ɔ̄dū	ədū	ōdū	ōdū
corde	wúwú	wú	wúwú	wúwú	wú	ə́wú	úwú	ə́wú	ə́wɨ́	ə́wú	ɓwú

Ce critère permet de distinguer trois groupes :

groupe 1 : làngbàsī, ngbúgù, mbānzā, mbānjā ;

groupe 2 : ngbùndù ;

groupe 3 : ngùndù, kpágùà, gūbú, lìndá, yākpà, gbî.

1.19. La comparaison des onze idiomes au plan phonologique a permis la définition des huit critères suivants :

1. 1a 3 ordres palatals

   1b 2 ordres palatals

2. 2a présence de la labio-dentale $\hat{v}$
   2b absence de la labio-dentale $\hat{v}$
3. 3a opposition l/r pertinente
   3b opposition l/r non pertinente
   3c pas d'opposition l/r, mais existence de R
4. 4a absence de la mi-nasale mv
   4b présence de la mi-nasale mv
5. 5a 1 seule articulation glottale : ?
   5b 2 articulations glottales : ? + ?b
   5c 3 articulations glottales : ? + ?b + ?d
6. 6a absence de la voyelle ε
   6b présence de la voyelle ε
7. 7a absence de voyelles nasales
   7b présence de voyelles nasales
8. 8a structure syllabique CVCV
   8b structure syllabique VCV
   8c structure syllabique CV

1.20. Sur la base de ces huit critères, on peut dresser le tableau suivant :

	1		2		3			4		5			6		7		8		
	a	b	a	b	a	b	c	a	b	a	b	c	a	b	a	b	a	b	c
làngbàsī	+			+			+	+			+		+		+		+		
ngbúgù	+			+			+	+		+				+	+		+		
mbānzā		+	+			+		+			+			+		+	+		
mbānjā	+		+			+		+				+		+		+	+		
ngbùndù	+		+		+			+			+			+	+				+
gbî	+		+		+			+				+	+		+			+	
lìndá	+		+		+				+	+			+		+			+	
yākpà	+		+		+			+		+			+		+			+	
gūbú	+		+		+			+		+			+		+			+	
ngùndù	+		+		+			+				+	+		+			+	
kpágùà	+		+		+			+				+	+		+			+	

1.21. Dans ce tableau, quatre grands groupes se dégagent :

1. làngbàsī et ngbúgù présentent les mêmes caractéristiques dans 6 cas sur 8 (critères 1, 2, 3, 4, 7, 8) ;

2. mbānzā et mbānjā se situent de la même façon, également

dans 6 cas sur 8 (critères 2, 3, 4, 6, 7, 8) ;

3. ngbùndù : Cette langue semble se différencier assez fortement des trois autres groupes :

= làngbàsī et ngbúgù 3 cas sur 8 (cr. 1, 4, 7)

= mbānzā et mbānjā 3 cas sur 8 (cr. 2, 4, 6)

= gbî, lìndá, yākpà, gūbú, ngùndù et kpágùà 5 cas sur 8

Un examen dans le détail montre qu'il se comporte comme le gbî, yākpà, gūbú, ngùndù, kpágùà dans 5 cas (cr. 1, 2, 3, 4, 7) et le lìndá dans 4 cas (cr. 1, 2, 3, 7).

4. gbî, lìndá, yākpà, gūbú, ngùndù et kpágùà présentent en commun sept des huits caractéristiques. Cependant, la combinaison des critères 4 et 5 permet de distinguer entre :

gbî 7/8

lìndá 7/8

yākpà et gūbú 8/8

ngùndù et kpágùà 8/8

5. Tableau comparatif

Voir pp. 24 à 37.

	1. bouche	2. oeil	3. tête	4. cheveu	5. dent	6. langue	7. nez	8. oreille
làngbàsī	màmà	làlà	kūmà	sù.kūmù	zīzī	tīmà	wūwū	tūtū
ngbúgù	màmà	làlà	kūmà	sù.kūmà	zīzī	tīmà	mūmū	tūtū
ngbùndù	mà	là	kūmù / kɔ̄lɔ̄	sù.kūmù	zī	tīmà	ngāwū	tū
mbānzā	màmà	célà	kɔ̄lɔ̄	sù.kɔ̄lɔ̄	zīzī	tīmbī	w̰ūw̰ū	tūtū
mbānjā	màmà	làlà	kūmù	sù.kūmù			wó̰wó̰	tɨ̄tɨ̄
ngùndù	àmà	àlà	kūmù	sù.kūmà	ə̄zī	tīmà	ngāū	ə̄tū
kpágùà	àmà	àlà	kūmù	sù.kūmù	īzī	tīmà	ngāwū	ə̄tū
gūbú	àmà	àlà	kūmù	sù.kūmù	ə̄zī	tīmà	ngāwū	ə̄tū
yākpà	àmà	àlà	kūmù	sù.kūmù	ēzī	tīmà	ōwū	ōtū
lìndá	àmà	àlà	kūmù	sù.kūmù	ēzī	tīmà	ə̄wɨ̄	ōtū
gbî	àmà	àlà	kūmù	sù.kūmù	īzī	tīmà	ngāwū	ōtū

	9. cou	10. sein	11. bras	12. ongle	13. jambe	14. genou	15. ventre
làngbàsī	gɨ̄gɨ̄	ngòngò	kōnó	ʃīmbī.kōnó	dàdà	kōtà	vūvū
ngbúgù	gɨ̄gɨ̄	ngòngò	kōnə́	ʃīmbīā.kōnə́	dàdà	kōtà	célə́
ngbùndù	gɨ̄	ngɔ̀	nɛ́	sòngòpé.ne	dà	kōdà	cálá
mbānzā	gɨ̄gɨ̄	ngɔ̀ngɔ̀	nɛ́nɛ́	kèrə̀.kɔ́ré	dà	kōdà	célé
mbānjā	gə̄gə̄	ngɔ̀ngɔ̀	nɛ́nɛ́	kɛ̀rɔ́.kɔ̄nɛ́	dàdà	gbōcō	
ngùndù	ə̄gɨ̄	ɔ̀ngɔ̀	kānés	ngùòpé	àdà	kōtà	ə̄vū
kpágùà	ə̄gɨ̄	ɔ̀ngɔ̀	kāné	ngòpé	àdà	kōdà	ūvū
gūbú	ə̄gɨ̄	ɔ̀ngɔ̀	kāná	ngòpé.kāná	àdà	kōtà	célə́
yākpà	ə̄gɨ̄	àngò	áná	ngɔ̄pé	ōnū	kōtà	ə̄vū / célə́
lìndá	ə̄gɨ̄	ɔ̀ngɔ̀	tə̄ná	ngɔ̄pé	ōnū	kōtà	ə̄vū / célə́
gbî	ēgī	ɔ̀ngɔ̀	éné	gɔ̄pé.né	àdà	kōdà	ūvū / célə́

	16. coeur	17. foie	18. intestins	19. sang	20. ɔs	21. peau
làngbàsī	bèbè	lémá	ʃété	zīzī	gbābī	kpòtò
ngbúgù	làsù	bèbè	ʃété	zī(zī)	gbēbī	kpɔ̀tɔ̀
ngbùndù	bè	màlù	sétá	zī	gbābī	kɔ́
mbānzā	bèbè	kɔ̀fùrù.bè	sété	zī	gbābī	kɔ́kɔ́
mbānjā	bèbè	zūzū	sété	zīzī	gbābī	kɔ́kɔ́
ngùndù	əlù	əbè	ʃétá	ənjī	gbābī	ákɔ́
kpágùà	lòsù	èbè	sétá	ənjī	gbābī	ɔ́kɔ́
gūbú	làsù			ənjī	gbābī	ákóá
yākpà		ēbē	sétá	ēzī	gbābī	ákóá
lìndá	làsù / əlù	èbè	cétá	ənjī	gbābī	ákóá
gbî	ùlù	èbè	sétá	ēnzī	gbābī	ɔ́kɔ́

	22. aile	23. plume	24. corne	25. queue	26. personne	27. homme
làngbàsī	kōmbō	sùsù.ānɨ̄	dùdù	dàmbá	àkɨ̀rɨ̀ ʔbàlíá	kōʃē
ngbúgù	kāngā	sùsù.ɲēnū	dɨ̀dɨ̀	dàmbá	àkʀə̀	kōʃē
ngbùndù	mbɔ̄	sù.yēnū	dɨ̀	dàmbá	zū	ɛ̄.kōsē
mbānzā	kāmbō	sù.ɲānū	ə̀dɨ̀	dàmbá	ə̄zū	yā.kōsē
mbānjā	mbōmbō		dèdè	dàmbá	zūzū	yā.kōsē
ngùndù	kōmbō	ə̀sù.kōmbō	ə̀dɨ̀	dàmbá	ə̀zū	kōʃē
kpágùà	kōmbō	ə̀sù.yānū	ìdì	dàmbá	ūzū	kōsē
gūbú			ə̄zɨ̄	dàmbá	ɔ̀zū	kōʃē
yākpà	kāmbō	ɔ̀sù.yānū	ə̀dɨ̀	dàmbá	ōzū	kōsī
lìndá	kōmbō	sù.kōmbō	ə̀dɨ̀	dàmbá	ōzū	kōʃē
gbî	ōmbō	ə̀sù. ōmbō	ə̀dù	dàmbá	ə̄zū	kɔ̄ʃē

	28. femme	29. mari	30. épouse	31. père	32. mère	33. enfant	34. frère
làngbàsī	āʃē	àkɔ̄	àwō	(ˀb)àˀbà	àɲī	bèʃē	áyā / kɨ́lì
ngbúgù	ɛ̄ʃē					bèʃē	
ngbùndù	ɛ̄sē	àkɔ̄	àwō	àˀbà	ànā	ɛ̄bìsē	áyá
mbānzā	ɲā̰sē	àkɔ̄	àwō	àbá	àyē	yābèsē	áɲá
mbānjā	ɲā̰sē	kɔ̄kɔ̄	àwó	àbá	ànɔ́	yāˀbèsē	
ngùndù	yāʃē	àkō	àwō	àˀbà	àyī	ágèʃē	yíngó
kpágùà	yāsē	àkɔ̄	àwō	àbá	íyā	yāgèsē	áyá
gūbú	yāʃē			àbá	àyī	gbɔ̀lɔ̀	āyɔ́
yākpà	yāsī	àkɔ̄	àwō	àbá	èyī	àgbàlà àgbɔ̀rɔ̀	àyō
lìndá	yāʃē	àkɔ̄	àwō	àbá	èyī	àgbàlà	àyē
gbî	yāʃē	àkɔ̄	àwō	àbá	àyī	bèʃē	àgū / kōbó

	35. soeur	36. oncle utérin	37. nom	38. ciel	39. nuit	40. lune
làngbàsī	kɨ́lì	ʔàʔú	ʔēʀə̄	célàfó	cébú / būcú	yípī
ngbúgù			ʀɔ̄	célàfó	cébú	ɲípī
ngbùndù	áyá	ʔàʔú	ʔālā	cálàfó	cábú / bùcó	yípɨ̄
mbānzā	ɲúɲú	ʔàʔú	ʔēlē	cálàfó	cóbúlé	ɲépə̄
mbānjā	ɲúɲú	ʔàʔú		célàfɔ́	cúlúbū	yépə̄
ngùndù	yíngó	ʔàʔú	ārā	cálàfó	būcó	yópū
kpágùà		ʔàʔú	ʔārā	cálàfó	būcá	yípū
gūbú		ʔàʔú	ʔɨ̄rɨ̄	célàfó	cúrúgbū	yápū
yākpà	kōbɔ́	ʔòʔú	ʔɨrɨ	célàfó		yápɨ̄
lìndá	kōbá	ʔòʔú	ʔɨ̄rɨ̄	célàfó	célə́bū	yípɨ̄
gbì̂	yíngá / kōbó	ʔàʔú	ʔērē	cálàfó	sélə́bū	yípū

	41. étoile	42. soleil	43. vent	44. nuage	45. brouillard
làngbàsī	kéʀə́	lòlò	yìyì	ndɔ̄ʀɔ̄	ndōʀō
ngbúgù	tòngòlò	lɔ̀lɔ̀	yìyì		
ngbùndù	àmbérépè	òlò	yì	ndɛ̄lɔ̄	
mbānzā	àmbélépè	lɔ̀lɔ̀	yìgú	ndɔ̄lɔ̄	
mbānjā	mbílípìlì	lɔ̀lɔ̀	yùgú	ndɔ̄lɔ̄	
ngùndù	àngórópè	àlɔ̀	ə̀yì	gbāndàvūrū	ɔ̄ndɔ̄rɔ̄
kpágùà	àngbɔ́rɔ́pè	òlò	yìgú	úndú	ōndɔ̄rɔ̄
gūbú	àngɔ́rɔ́pè	àlɔ̀	ə̀yì		
yākpà	àmbérépè	àlɔ̀	èyì	ə̄ndōrō	āndārā
lìndá	àmbérépè	àlɔ̀	ìyì		āndārā
gbî	ákíárə́	əlò	yùgú	úndú	ə̄ndōrō

	46. pluie	47. année	48. terre	49. sable	50. poussière
làngbàsī	ɲāvūʀū	ngúngú	ʃòʃò	mbūtū	ʃòʃò.dà.tòró
ngbúgù	ɲēvɨ̄ʀɨ̄	ngú	ʃòʃò	mīndū	
ngbùndù	yāvɨ̄rɨ̄	mbúgú	àʃɔ̀	ʒɛ́rù	tùrùʃɔ̀ ngbōʀōkò?bà
mbānzā	yāvɨ̄lɨ̄	mbúgú	ɛ̀sɔ̀	ə́zə́rə̀	tùrùsɔ̀
mbānjā	yāvélé	rgbúgú	ʃòʃò	mīndū	tùlùsú
ngùndù	yāvūrū	ɔ́ngú	àʃɔ̀	mīndū	tùrùngúʃɔ̀
kpágùà	yīvūrū	úngú	àʃɔ̀	mīndū	
gūbú	yāvɨ̄rɨ̄	ə́ngú	ɔ̀ʃɔ̀		
yākpà	yāvɨ̄rɨ̄	úngú	àsɔ̀	mīndū	tùrùkùsɔ́
lìndá	yāvɨ̄rɨ̄	ə́ngú	àʃɔ̀	mīndū	tùrùngùʃɔ́
gbɨ̂	yūvūrū	úngú	ə̀ʃò	mīndī	

	51. pierre	52. colline	53. chemin	54. eau
làngbàsī	baja	kòtò	kōbò	ngúngú
ngbúgù	tāmè	àgà	kōbò	ngú
ngbùndù	bàjà	kòtò	gbɔ̄lɔ̄	úngú
mbānzā	bàjà	kòtò	màngbézē	ngú
mbānjā	bàjà	kòtò	ngbésē	ngú
ngùndù	tāmè	kòtò	gbɔ̄lɔ̄	ɔ́ngú
kpágùà	bàjà / tāmɛ̀	kàgà	āwā	úngú
gūbú	bàjà	kàgà	āwā	ə́ngú
yākpà	bàjà	kòtò / kàgà	āwā	úngú
lìndá	bàjà	kòtò / kàgà	āwā	ə́ngú
gbǐ	bàjà	kàgà	āwā	úngú

	55. rivière	56. bois	57. bâton	58; feu	59. fumée
làngbàsī	āyāngú	yɔ̄yɔ̄	yōyō	wòwò	ngáwò
ngbúgù	gbūlūngú	yōyō	yō	wòwò	ngóʀò
ngbùndù	?bàlè	yɔ̄	cɔ̀mbɔ́rɔ́	wò	ngáò
mbānzā	gélèlàə́ngú	yɔ̄yɔ̄	còngbóló	wòwò	ngówà
mbānjā	gélèngú	yɔ̄yɔ̄	còngbóló	wòwò	ngówà
ngùndù	kōtā	āyɔ̄	āyō.yɔ̄	òwò	ngáwò
kpágùà	kɔ̄tā	āyɔ̄	cɔ̀ngbɔ́lɔ́	òwò	ngáwò
gūbú	ágbɔ́.úngú	ɔ̄yɔ̄		ɔ̀wɔ̀	
yākpà	ágbɔ́.ə́ngú	āyɔ̄	āyɔ̄ / càngbɔ́lɔ́	òwò	ngáwò
lìndá	ágbɔ́.ə́ngú	āyɔ̄	cɔ̀ngbólɔ́	òwò	ngáwò
gbî	ógbó.ngú	ōyō	āndō.yō	òwò	ngáwò

	60. cendres	61. corde	62. lance	63. habit	64. nasse	65. animal
làngbàsī	vōʀōwò	wúwú	dūdū	lə́bà	yángá	g̀iàg̀ià
ngbúgù	vōʀə̀	wú	dɨ̄	lə́bà		g̀ià
ngbùndù	vūrūwò	wú	dū	lóbɔ̀	vɛ́rá	gɛ̀
mbānzā	vōlōwò	wúwú	dūdū	lóbà		sóngbā
mbānjā	vɔ̄lɔ̄wò	wúwú	dɨ̄dɨ̄	lóbà		sóngbā
ngùndù	vōrōwò	ə́wú	ə̄dū	lə́bà	yángá	àg̀ià
kpágùà	vōrōwò	úwú	ūdū	lóbà	gālè	àg̀ià
gūbú		ɔ́wú	ɔ̄dū	lóbà		
yākpà	vōrōwò	ə́wú	ōdū	lə́bà		àg̀ià
l̀indá	mvōrōwò	ə́wɨ́	ə̄dū	lə́bà	ngólā	àg̀ià
gbî	vōrōwò	ówó	ōdū	lóbà		g̀ià

	66. viande	67. poisson	68. chien	69. serpent	70. oiseau
làngbàsī	gúsú gìàgìà	gìà.ngú	āvóʀó	ākóʀó	ānɨ̄
ngbúgù	gúsú	gìà.ngú	ɛ̄vóʀó	ɛ̄kóʀó	ɛ̄nū
ngbùndù	sómbā.gɛ̀	ɛ̀sú.ngú	ɛ̄vɔ́rɔ́	ɛ̄kóló	ɛ̄nū
mbānzā	sóngbā	fāfá.ngú	yāvóló	yākóló	ɲānū
mbānjā	mbēmbē	sóngbā.ngú	yāvóló	yākóló	ɲānū
ngùndù	sóngbā	gìà.ngú	yāvóró	yākóró	yānū
kpágùà	ēmbē	gìà.ngú	yāvóró	yākóró	yānū
gūbú		gìà.ngú	yāvóró	yākóró	
yākpà	sə́ngbā	gìà.ngú	yāvóró	ókóró	yānū
lìndá	sə́ngbā	gìà.ngú	yāvóró	ókóró	yānū
gbî	rə̀ngbā	sú.ngú	yāvóró	yākóró	yānū

	71. oeuf	72. pou	73. arbre	74. écorce	75. feuille	76. graine
làngbàsí	pōʀō	còcó	yōyō	kpòtò.yɔ̄	kākó	njínjí
ngbúgù	pɔ̄ʀɔ̄ (ngɔ̄tɔ̄)	àcó	yōyō	kpòtò.yɔ̄	kōkó	njí
ngbùndù	pōlō	àcɔ́	āyɔ̄	ákɔ́.yɔ̄	kākó	léɔ̄
mbānzā	pɨ̄lɨ̄ (ngɔ̄tɔ̄)	àcó	yɔ̄yɔ̄	kɔ̀ngɔ́.yɔ̄	kākó	nzí.yɔ̄ / lézāwá
mbānjā	pɨ̄lɨ̄	cócó	yɔ̄yɔ̄		kākó	
ngùndù	ɔ̄pɔ̄rɔ̄	àcó	āyɔ̄	kócū	kākó	ə́njí
kpágùà	pɔ̄rɔ̄ (ngɔ̄tɔ̄)	àcɔ́	āyɔ̄	ákɔ́.ɔ̄yɔ̄	kākó	ínjí
gūbú	əpūrū (ngātō)	àcɔ́	ɔ̄yɔ̄		kākó	
yākpà	pɨ̄rɨ̄ (ngātə̄)	ácɔ́	āyɔ̄	kòngóá.āyɔ̄	kākó	élé.āyɔ̄
lìndá	pīrī (ngātə̄)	ácɔ́	āyɔ̄	kòngɔ́.āyɔ̄	kākó	élé.āyɔ̄
gbī̊	ɔ̄pōrō	ə̀có	ōyō	kácū	kākó	àngòà

	77. racine	78. herbe	79. sel	80. graisse
làngbàsī	ʃēʃē	(āyā).gūsū	ngbɨ̀ʀɨ̀	ʒóʀó
ngbúgù	dà.yō	bēbē (*sp.*)	ngbɔ̀ʀɔ̀	ʒóʒó
ngbùndù	ēsē	ēbē (*sp.*)	mbə̀rə̀	ə́mə́
mbānzā		àwàlà	ngbɨ̀lɨ̀	zó
mbānjā			ngbèlè	ʒólò
ngùndù	əʃē	gūsū	ɔ̀ngbɔ̀rɔ̀	ɔ́ʒɔ́rɔ́
kpágùà	ēʃē	gūsū	ə̀ngbə̀rə̀	óʒóró
gūbú		gūsū	ə̀ngbɨ̀rɨ̀	kádá (Em.)
yākpà	ésé.āyɔ̄	gūsū	ɨ̀ngbɨ̀rɨ̀	ʒə́ró
lɨ̀ndá	əʃē.āyɔ̄	gūsū	ə̀ngbɨ̀rɨ̀	óʒóró
gbɨ̂	əʃē	gūsū	ɔ̀ngbɔ̀rɔ̀	ə́ʒóró

6. Comparaison lexicale

1.22. L'analyse du tableau présenté ci-dessus montre que l'ensemble des onze langues présente :

1 racine commune pour 55% des items[3]

2 racines différentes pour 22,5% des items

3 racines différentes pour 10% des items

4 racines différentes pour 6,25% des items

5 ou 6 racines différentes pour 1,25% des items

Les 5% restants sont inanalysables, soit parce qu'il s'agit de composés utilisant 1 ou 2 termes différents, soit parce que les informateurs ont hésité entre deux ou trois termes de sens proche (foie, coeur, creux de l'estomac = ə̀bè, ə̀lù, làsù en lìndá). Il est alors difficile de savoir s'il s'agit de confusion de leur part, ou s'il y a véritablement eu un glissement de sens.

La comparaison globale ne fait que confirmer l'appartenance de chacune de ces langues à l'ensemble banda.

1.23. Une analyse plus fine, au sein des groupes, est plus intéressante, car elle permet de vérifier dans quelle mesure ce critère d'apparentement lexical confirme ou infirme l'hypothèse établie à partir des seuls critères phonologiques. On a donc été amenée à comparer les langues au sein de chaque groupe, en quantifiant, en pourcentage, le nombre de termes qu'elles utilisent en commun (toujours sans tenir compte des différences de réalisation).

Groupe 1 : Le **làngbàsī** présente le "même" terme que le **ngbúgù** pour 59 des 70 entrées présentées dans le tableau (59/70 = 84,3% de vocabulaire commun).

	lgbs	ngbg	mbnz	mbnj	ngbnd	ngnd	kpg	gbî	gūbú	ykp	lnd
làngbàsī		84,3	69,2	69,5	69,6	75	76,9	73	78,9	79	73,4
ngbúgù	84,3		59,4	63,5	67,1	72,8	76,8	69,5	80	75	71,4

[3] Pour les pourcentages énoncés, nous avons retenu tous les termes qui doivent permettre d'aboutir, par la reconstruction, à une racine commune, et non tous les termes strictement identiques au plan phonique.

Le tableau ci-dessus montre que le làngbàsī et le ngbúgù sont beaucoup plus proche l'un de l'autre que des autres langues. La valeur des autres apparentements est en effet inférieure à 80% (valeur minimale du taux d'apparentement de deux langues d'un même groupe), sauf celle du ngbúgù-gūbú (80%) ; celle du làngbàsī-yākpà atteint 79%. Il sera nécessaire, dans une étude ultérieure, d'effectuer les calculs sur un plus grand nombre d'items pour vérifier si ces valeurs se maintiennent.

1.24. *Groupe 2 :*

	mbnz	mbnj	lgbs	ngbg	ngbnd	ngnd	kpg	gbî	gūbú	ykp	lnd
mbānzā		88,2	69,2	59,4	79,2	65,4	70,1	67,5	68,4	75	72
mbānjā	88,2		69,5	63,5	78,5	71	75	75	74	76	73,9

Cette analyse confirme l'étroit apparentement du mbānzā et du mbānjā. Notons que le ngbùndù n'est pas très éloigné de ce groupe 2, avec 79,2% de vocabulaire commun.

Groupe 3 :

Le ngbùndù constituant à lui seul un groupe, on n'a pu que le comparer aux autres groupes :

	lgbs	ngbg	mbnz	mbnj	ngnd	kpg	gbî	gūbú	ykp	lnd
ngbùndù	69,6	64,8	79,2	78,5	77,2	75,2	74	80,7	80,2	73,3

1.25. Cette comparaison montre deux choses :

- Le ngbùndù, sur la seule base de ce critère, se rapproche de deux langues du groupe 4, le gūbú et le yākpà, avec lesquelles il a plus de 80% de vocabulaire en commun. Par ordre décroissant d'apparentement nous trouvons ensuite :

ngbùndù-groupe 2 : 79,2 et 78,5%
groupe 4a : 77,2 et 75,2%
groupe 4b : 74%
groupe 4d : 73,3%
groupe 1 : 69,6 et 64,8%

- Le deuxième point ressort implicitement du premier. La comparaison du ngbùndù à toutes les autres langues confirme totalement le regroupement proposé sur critères phonologiques (y compris la distinction des sous-groupes au sein du groupe 4) :

1. làngbàsī
   ngbúgù
2. mbānzā
   mbānjā
3. ngbùndù
4. a ngùndù, kpágùà
   b gbî
   c gūbú, yākpà
   d lìndá

1.26. *Groupe 4 :* Pour ce dernier groupe, la comparaison était un peu plus complexe, puisque, outre la comparaison aux langues des autres groupes, chacune des six langues qui le constitue a dû être comparée à toutes les autres. Les résultats de ce travail sont exposés dans les deux tableaux ci-dessous :

TABLEAU 1

	làngbàsī	ngbúgù	mbānzā	mbānjā	ngbùndù
ngùndù	75	72,8	65,4	71	77,2
kpágùà	76,9	76,9	70,1	75	75,2
gbî	73	69,5	67,5	75	74
gūbú	78,9	80	68,4	74	80,7
yākpà	79	75	75	76	80,2
lìndá	73,4	71,4	72	73,9	73,3

1.27. Seuls les taux d'apparentement ngbùndù-gūbú, ngbùndù-yākpà et ngbúgù-gūbú atteignent le seuil des 80% (cf. ci-dessus). Les 27 autres valeurs sont nettement inférieures à ce seuil ; ce fait confirme la classification établie sur critères phonologiques.

TABLEAU 2

		4a ngùndù	4a kpágùà	4b gbî	4c gūbú	4c yākpà	4d lìndá
4a	ngùndù		87,4	83,5	84,4	83,1	82,2
	kpágùà	87,4		85	84,7	84,2	85,7
4b	gbî	83,5	85		82,7	81,5	84,4
4c	gūbú	84,4	84,7	82,7		94	94,8
	yākpà	83,1	84,2	81,5	94		97,6
4d	lìndá	82,2	85,7	84,4	94,8	97,6	

1.28. A nouveau, nous retrouvons le taux d'apparentement supérieur à 80% pour des langues d'un même groupe. Le fait le plus remarquable est certainement la très faible dispersion pour les valeurs figurant à l'intérieur d'un cadre, c'est-à-dire celles qui indiquent le taux d'apparentement entre deux ou quatre langues de sous-groupes différents :

Comparaison 4a/4b : 83,5 et 85%

Comparaison 4a/4c : 83,1, 84,2, 84,4 et 84,7%

Cette observation confirme une nouvelle fois l'homogénéité de chaque sous-groupe dégagé.

Ce tableau nous apprend en outre que les sous-groupes 4c et 4d seraient plus étroitement apparentés au plan lexical que 4a et 4b, 4a et 4c, ou 4b et 4c. C'est en effet la seule comparaison qui révèle des taux supérieurs à 90%.

7. Conclusion

1.29. La comparaison des phonologies a donc permis de forger une hypothèse de travail (confirmée par la comparaison lexicale), mais aussi de dégager les grands traits de l'évolution du domaine banda qui s'oriente dans deux directions principales :

- la perte de distinctions (l'opposition s/ʃ en **mbānzā**) ;
- l'acquisition de phonèmes : + soit par emprunt (le ?d en **gbî** et **mbānjā**),

  \+ soit par phonologisation d'une réalisation phonétique (dynamique interne du système) facilitée par le contact avec des langues géographiquement voisines attestant ce phonème (ɛ dans les langues sud et sud-ouest, voyelles nasales).

Il conviendra d'affiner l'étude de ce groupe en étendant le domaine d'investigation - plus nombreuses seront les langues comparées, plus exacte sera l'analyse - et la comparaison au plan lexical (exploration systématique de diverses parties du vocabulaire : système de numération, terminologie de la parenté, etc.), ainsi qu'au plan morphologique (modalités personnelles, démonstratifs, fonctionnels, morphologie du verbe).

BIBLIOGRAPHIE

BOUQUIAUX, L., DIEU, M., GUARISMA, G., RENAUD, P., 1972, *Questionnaire d'enquête pour l'Atlas linguistique du Cameroun*, ALCAM, Université de Yaoundé, Section de linguistique appliquée.

BOUQUIAUX, L., BARRETEAU, D., BOYD, R., GUARISMA, G., RENAUD, P., SACHNINE, M., THOMAS, J., 1974, *Questionnaire d'inventaire linguistique*, 2ème ed. revue et corrigée, Yaoundé, SLA, et Paris, SELAF.

CLOAREC-HEISS, F., 1972, *Le verbe banda : Etude du syntagme verbal dans une langue oubanguienne de République centrafricaine*, Paris, SELAF (Coll. Langues et Civilisations à Tradition Orale, 3), 142 p., 2 cartes.

E. R. 74 du CNRS (L. BOUQUIAUX et J. THOMAS, éd.), 1971, *Enquête et description des langues à tradition orale*, Paris, SELAF (numéro spécial), 5 fasc.

GREENBERG, J., 1966, *The Languages of Africa*, Indiana University, Bloomington, et Mouton, La Haye.

MONINO, Y., et ROULON, P., 1972, *Phonologie du gbaya-kara-'bodoe de Ndongue-Bongowen (Région de Bouar, RCA)*, Paris, SELAF (Bibliothèque, 31), 105 p.

TINGBO, T., 1971, *Etude grammaticale de la langue mbandʒa (dialecte de Balawo)*, Université Lovanium de Kinshasa, mémoire ronéographié, 238 p.

TISSERANT, R. P. C., 1930, *Essai sur la grammaire banda*, Paris, Institut d'Ethnologie, 185 p., 1 carte.

1931, *Dictionnaire banda-français*, Paris, Institut d'Ethnologie, 617 p.

TUCKER, A. N., et BRYAN, M. A., 1956, *The Non-Bantu Languages of North-Eastern Africa*, Handbook of African Languages, Part III, Oxford University Press.

1966, *The Non-Bantu Languages of North-Eastern Africa : Linguistic Analysis*, Handbook of African Languages, Part III, Oxford University Press.

THOMAS, J., 1963, *Le parler ngbaka de Bokanga : Phonologie, Morphologie, Syntaxe*, Paris, Mouton, 307 p.

1972, "Aires de phonèmes et aires de tons dans les langues d'Afrique Centrale", dans *Langues et Techniques, Nature et Société* (J. THOMAS et L. BERNOT, éd.), Tome I, Paris, Klincksieck, p. 111-119, 1 tableau, 9 cartes.

Raymond BOYD

A PROPOS DES RESSEMBLANCES LEXICALES ENTRE LANGUES NIGER-CONGO ET NILO-SAHARIENNES

2.1. Depuis plusieurs années, des chercheurs du CNRS travaillent, sous la direction de J. M. C. THOMAS, au recensement des langues parlées en Centrafrique et au Cameroun. Nous disposons ainsi d'une série d'enquêtes linguistiques *extensives* réalisées avec un questionnaire dont la composition est fondamentalement celle de la liste de SWADESH, et de plusieurs enquêtes *intensives* et études approfondies. Les langues enquêtées peuvent être classées génétiquement en quatre grands groupes : langues du groupe "Adamawa-Eastern" (AE) de la famille Niger-Congo (NC), langues du groupe "Benue-Congo" (BC) de la même famille, langues de la famille nilo-saharienne (NS) et langues du groupe tchadique de la famille afro-asiatique (d'après le classement de GREENBERG, 1966). Ces enquêtes nous permettent d'étudier le degré de ressemblance lexicale entre langues d'une même aire géographique, qui appartiennent pourtant à des groupes génétiques divers. Ce seront surtout les langues des trois premiers groupes cités qui nous intéresseront ici, quoique nous aurons une remarque à faire au sujet d'une des langues tchadiques enquêtées dans le cadre de ces recherches.

1. Documentation

2.2. LANGUES DU GROUPE "ADAMAWA-EASTERN"

- Langues "Adamawa"

1. A Tignère (Cameroun), nous avons réalisé une enquête extensive sur la langue **sámá** (s), parlée dans l'arrondissement de Tignère et dans celui de Poli, près de la frontière nigérienne. Il est probable que cette langue se trouve en rapport avec le chamba de GREENBERG;

néanmoins, cette dernière est si peu citée dans sa liste comparative AE (vd. GREENBERG, 1966, pp. 13-24) que nous ne pouvons faire que les rapprochements suivants :

ch vi(a) "chèvre" s vĩn "chèvre"
ch dundu(la) "genou" s lúurī "genou"
ch ti(a) "arbre" s tím "arbre"

Cette langue appartient donc en principe au sous-groupe 2 des langues "Adamawa".

2. Nous possédons des listes lexicales pour plusieurs langues du sous-groupe 4 des langues A (notamment divers dialectes dourou (dr) et le koutine ou péerè (kt)).

3. Nous avons réalisée, aussi à Tignère, une enquête sur une langue appelée "momé" (ɲá.kòpò litt. "langue de la montagne" pour les locuteurs de cette langue)(mo). Du point de vue lexical, cette langue semble presque identique à la langue "mumuye", recensée par K. WILLIAMSON (1968, 1973), et classée par GREENBERG dans le sous-groupe 5 des langues A. Cf. les correspondances suivantes :

"cendre"	mu pú.nkṵ́	mo pú.wáa
"ventre"	yáthí	yāaté
"enfant"	žá	žáa
"mourir"	vɔ́-thɔ́	vórá
"oreille"	ʃo:	tʸo
"éléphant"	bɔ̰̂ŋ	bòŋ
"graisse"	nṵ́	nó̰
"donner"	ám	áná
"tête"	yú	yúu
"jambe"	dóo	dó
"se coucher"	róothá	róoná

4. Nous avons aussi un ensemble d'enquêtes entensives concernant plusieurs langues du sous-groupe 6 des langues A, notamment le galké et le pormi (g/p) ; le pam, le mono et le moundang (p/m/m) ; le dama (d) ; le mboum et le mbere (mb) ; le kali, le ndó mbàlì, le nják mbái, le pànā et la langue de Ngoumi (nj) ; et le ko et la langue de Pandjama (P)[1].

---

[1] Vd. BOYD (1975) pour des listes de mots résultant des enquêtes sur les langues des sous-groupes 4, 5 et 6.

Remarquons aussi en passant que la langue "patapori", recensée dans WILLIAMSON (1968, 1973), est apparentée au kt et appartient donc au sous-groupe 4. Cf. les correspondances "calebasse" pat sɔ̀r, kt sóore ; "flèche" pat ʃí, kt sí ; "animal" pat ʃɣə́ŋtò, kt séŋ ; "bois de feu" pat làr.vè, kt lāre ; "donner" pat pù(tò), kt póobe ; "danser" pat (à)nà̰, kt nʌri.

5. Nous bénéficions des résultats d'une enquête sur le fali (f) réalisée par K. ENNULAT. Cette langue est parlée aux alentours de Garoua (Cameroun) ; elle est classée par GREENBERG comme seul membre du sous-groupe 11 des langues A[2].

2.3. - Langues "Eastern"

Nous avons eu à notre disposition les matériaux suivants :

6. Une enquête extensive sur le gbaya (gby) de Ngaoundéré (cette langue est classée dans le sous-groupe 1a de la réorganisation du classement de GREENBERG établie par L. BOUQUIAUX et J. M. C. THOMAS - vd. SAMARIN, 1968).

7. Des enquêtes extensives sur les langues gbanziri (gbz) et monjombo (mnj) réalisées par L. BOUQUIAUX et J. M. C. THOMAS (langues appartenant au sous-groupe 1c du classement cité dans le paragraphe précédent).

8. Le fichier établi pour les langues du groupe banda (bnd) par F. CLOAREC-HEISS (sous-groupe 2 du même classement).

9. Une enquête extensive réalisée par L. BOUQUIAUX et J. M. C. THOMAS, concernant la langue nzakara (nzk) (sous-groupe 3).

2.4. LANGUES DU GROUPE "BENUE-CONGO"

10. Nous avons réalisé une enquête extensive sur la langue nyam-nyam, parlée dans l'arrondissement de Tignère (Cameroun), que nous avons confrontée avec une enquête concernant la même langue de M. DIEU et M. SACHNINE. Nous pouvons citer les correspondances suivantes entre cette langue et deux langues du "Bantoid group minus Wide Bantu" de WILLIAMSON (1968, 1973), le bute et le buti (langues n° 78 et 79) :

"animal"	buti	nyam	ny ɲà
"flèche"	buti	be	ny ʔbé
"bras"	buti	ban-nga	ny ʔbwá
"enfant"	buti	mon	ny ŋwūn
"mourir"	bute	me:-ku-se	ny -ku-

[2] La langue yingulum, recensée par WILLIAMSON (1968, 1973), est à classer dans le même sous-groupe, comme le démontrent les correspondances suivantes : "bras" y kəní, f kʌ́n, "mordre" y nùúmtɛ̄, f num, "marcher, aller" y mɛ̀dígɛ̀, f dik, "femme, femelle" y ní-kìnù, f nì-kín, "oeil" y nì-ʃé, f nìsí, "ventre" y hīmtí, f jʌ̌k-hìmní.

"oreille" bute too — ny twá
"manger" bute taŋ-sa — ny -taŋ-
"oeuf" buti vuŋ — ny ʔbṓ̰
"oeil" buti ir — ny yír
"huile" buti kum — ny kúm
"donner" bute me-naha-wu — ny -na-/-ni-
"aller" bute me-gi-se — ny ge
"jambe" buti gur — ny gū́r
"personne" buti nowa — ny nau (pl.)
"presser" bute gam — ny -kam-
"chemin" buti dʒiel — ny yɛ̂r
"envoyer" bute tom- — ny -to̰-
"langue" buti lemi — ny kílémní
"dent" buti ɲin — ny ɲíi
"tortue" bute mfɔm — ny mvám
"arbre" buti kwen — ny cún
"trois" buti tara — ny tárā
"quatre" buti nara — ny nāanà
"cinq" buti tina — ny téenē
"huit" buti sari — ny sâr

11. Une enquête sur le ndem-li (nl) a été réalisée par D. Barreteau à Yabassi (Cameroun). Nous pouvons citer les correspondances suivantes entre cette langue et deux langues du "non-Bamileke Grasslands group", le kənsə́ń'sé et le wimbum (Williamson, 1968, 1973, langues n° 45 et 47) :

"bras" wimb bɔ́ — nl bó
"danser" kəns bíŋ — nl bíndī
"oeuf" wimb bú — nl bóm
"oeil" kəns sə́ — nl hɯ́
"graisse" kəns fɔ́ŋ — nl hɔ́ŋlī
"huile" kəns mə̀-ɣwɔ̂ — nl ngúmá
"femme" kəns yɛ̀ — nl jɛ́
"jambe" kəns gvùɔ̀ — nl hólī
"se coucher" wimb nɔ́ŋ — nl núŋìndī
"viande" kəns ḿ'bá — nl mbàp
"nuit" wimb tuʔ — nl tùʔá
"personne" wimb ɲwɛ̀/bì — nl wə̀/bə̀
"chemin" kəns dʒə́ — nl njì
"eau" wimb ndʒə́p — nl ndíbí
"un" kəns mɔ́ʔ — nl mɔ́hɔ̄

"quatre"	wimb tʃìì	nl ícìɛ̀
"cinq"	kəns tə́'ŋ́	nl ítàŋ
"sept"	wimb sə̀ambâ	nl sə̀ambā
"neuf"	wimb m̀bvə̀ʔə̀	nl buʔɛ

2.5. LANGUES DE LA FAMILLE NILO-SAHARIENNE

12. Nous avons enquêté à Ngaoundéré sur la langue kolé (kl), appelée aussi le bornouan. La plupart des locuteurs de cette langue au Cameroun habitent plutôt la région du Nord (à partir de Garoua en direction de l'ancien Bornou). Cette langue est en fait une variante dialectale du kànùrí, langue décrite par J. Lucas (1937) et fréquemment citée par Greenberg. Elle est donc à classer dans la deuxième branche (saharienne, groupe a) de la famille NS.

13. Nous avons pu enquêter en plus sur la langue ŋgàmbaí (ng), parlée au Cameroun, surtout dans l'arrondissement de Tcholliré, près de la frontière tchadienne. Cette langue est, sans doute, dans un rapport dialectal avec le sara et le mbai, langues classées par Greenberg dans le groupe "Central Sudanic" (CS) (sous-famille "Chari-Nile" (CN), famille NS). Nous pouvons donner une idée de ce rapport en citant les quelques items suivants de notre liste pour comparaison avec les formes données par Greenberg :

"pays"	sara be	ng bē "village"
"oeil"	sara kami	ng kə̀̃m
"dix"	mbai dog	ng dōk
"sel"	sara kate	ng kàdə̄
"pierre"	sara mbal	ng mbāl

2. Objectif

2.6. Gregersen (1972) a essayé de justifier le regroupement de la famille "Niger-Kordofanian" (composée de "Niger-Congo" et de "Kordofanian"), postulée par Greenberg (1966), avec la famille NS dans une famille plus large appelée "kongo-saharienne".

Nous voudrions présenter ici des lexiques des langues NC et NS citées ci-dessus, qui sont parlées sur une même aire géographique relativement limitée. Il s'agira ensuite de préciser les ressemblances observées, ressemblances qui, comme celles constatées par Gregersen, semblent également permettre la mise en cause de l'hypothèse de l'absence de rapport génétique entre ces deux familles. Mais pour pouvoir soutenir l'hypothèse contraire (celle du regroupement dans une famille unique), il faudrait que les critères de Greenberg (1966, p. 3), exposés dans la citation suivante, soient satisfaits :

"In regard to the second problem, the supposed arbitrariness of this classification, the best test is the pragmatic one of actual performance. If someone will produce a comparable set of proposed etymologies and morphological elements cutting across the families found here and having the properties of widespread distribution, semantic plausibility, and appearance of regular phonologic development from a common original, the arbitrariness will have been proved. I do not believe that this is ... possible ..."

2.7. Distribution : Nous avons fait un classement intuitif (c'est-à-dire, sans l'appui de règles précises de correspondances phonologiques) des racines apparaissant dans les listes comparatives qui suivent. Ce classement est fait de la façon la plus grossière, comme si, dans la plupart des cas, on pouvait réussir à établir l'apparentement de toutes les racines que nous donnons pour un item donnée de notre liste (même si ce principe implique l'existence de doublets dans une langue donnée). Nous avons ensuite calculé l'extension des racines hypothétiques à reconstruire. Les résultats de ces calculs sont les suivants :

		Trouvent une racine correspondante dans :			
		Aucune langue NC	Au moins une langue d'un seul groupe NC (A, E ou BC)	Au moins une langue de deux groupes NC	Au moins une langue des trois groupes NC
Racines correspondant à un item de la liste NS de Greenberg et présentes en :	kl et ng	2	2	9	12
	kl seul	1	8	7	8
	ng seul	0	5	5	6
	ni kl ni ng	–	6	5	1
Racines sans correspondance dans la liste NS de Greenberg et présentes en :	kl et ng	3	4	5	7
	kl seul	1	4	12	11
	ng seul	0	3	3	5

Ces chiffres ne sont intéressants qu'à titre indicatif, dans la mesure où le nombre de correspondances apparentes, présentes dans nos corpus, est suffisant pour poser de sérieux problèmes au comparatiste qui voudrait maintenir un classement en deux familles sans rapport génétique, et qui sera obligé par là-même de montrer que ces correspondances sont dues au hasard ou à l'emprunt.

Nous ne disposons de données que pour un petit échantillon des langues dont Greenberg a tenu compte. Mais cet échantillon nous semble au moins suffisant pour mettre en question la validité de la séparation des langues envisagées en deux familles différentes, même s'il est loin d'être décisif.

2.8. Ressemblance sémantique : Dans nos listes, nous présentons, pour chaque item, comme régle générale, des racines ayant strictement le même sens dans les diverses langues. Néanmoins, comme GREENBERG, nous nous permettons d'introduire dans une même entrée des racines à sens différent, là où la pratique nous a montré que de tels glissements sémantiques ont réellement eu lieu au moins une fois dans ces langues. Nous pensons qu'en ceci nos critères ne sont pas moins stricts que ceux de GREENBERG, s'ils ne le sont pas davantage.

Dérivation régulière : Nous allons essayer d'expliciter un certain nombre de correspondances phonologiques pour les langues couvertes par nos enquêtes, surtout pour les consonnes initiales et les premières voyelles radicales. La reconstruction des segments suivants et des tons semble trop problématique, et en tous cas inutile dans le cadre de ce travail.

2.9. On ne doit pas s'étonner du caractère "approximatif" des reconstructions proposées ici, étant donné le petit nombre de racines employées. En effet, l'éloignement dans le temps de l'hypothétique langue-mère implique d'immenses problèmes de reconstruction, non plus seulement à cause d'eventuels cas d'emprunt, mais encore à cause des processus inévitables de "décomposition des classes de mots" (vd. LABOV, 1972), qui, s'arrêtant à divers stades dans les différentes langues, empêchent de rétablir les classes originales dans leur totalité et introduisent une complexité enorme dans le travail du comparatiste.

On pourrait sans doute plutôt s'étonner de la *facilité* des reconstructions que nous faisons, et ceci est peut-être le meilleur argument contre l'hypothèse d'un rapport génétique entre langues NC et NS. On doit se demander si les ressemblances apparentes entre les langues de nos corpus pourraient être si faciles à déceler, s'il s'agissait en effet de dérivations à partir d'une langue-mère si lointaine[3]. Cet argument pèse plus lourd quand on connaît l'extension du phénomène d'emprunt linguistique dans cette région. Considérons le cas des Lamé, dont la langue appartient au groupe tchadique (sous-groupe 8). Nous présentons ci-dessus les racines comparables qui se trouvent dans le petit lexique de notre questionnaire extensif, pour le lamé et les langues A des sous-groupes 4 (dourou) et 6 (lakka) avec lesquelles le lamé est en contact direct. Nous donnons en même temps le vocabulaire commun entre le lamé et le nyam-nyam, entre les-

---

[3] Mais cette objection vise à infirmer la méthodologie du classement de GREENBERG, car on démontre l'impossibilité de déterminer les rapports génétiques pour un ensemble de langues à partir de correspondances apparentes à vue d'oeil sur un vocabulaire de base.

quels il n'existe actuellement aucun contact, pour permettre d'évaluer le poids des correspondances dues au hasard(?).

	lamé	lakka	dourou	nyam-nyam
langue[4]	sílī	dísèl (nj)		
sein	pá	pám		
queue	céu	sáu		
femme	má	má̰i		
père	ə́bà	b`ā		
enfant	vài	vài		
nuage	lùmbùr, ɮùmbùr	lùmbùr (pam)		
pluie	bùŋōr	mbùmʔi (d)		
terre	íɲā }	njal (kali)		nján
sable	ɲēɬ }			
chemin	vàrí	fál, vál		
eau	mbì	mbì		
feu	kú	gùu (p/m/m)		
pou	ə́tár	tóorò		cár
petit	ndḛ́	ndi		
étroit	tomi	to̰ (p/m/m)		
pourri	cím	caˀm, sim	so̰o	
blanc	ˀbú	pu		
jaune	bóndò	bondo (nd)		
sept	séʔdāʔ	síʔdà, síʔdì ("2, 7")		
laver	kóɬ, koɮ	kol (g/p)		
brûler	cú	tok, cwak		
sucer	sóp	swap (p/m/m)		
pousser	jòknàʔ	sokra		
autre	mbau	mbeu ("1")		
gauche	gúrā	kpar, kpur		
dent	séʔé	sél		
os	úsō	hūrū		
arbre	úgù	kpù		
lance	jàm	njáu		
lune	cēr, tēr		sḛ̄	
étoile	ícú-ícú		zū (kt sùgí)	
jour	bəkà		báʔ	

[4] Michka SACHNINE a eu l'amabilité de corriger les résultats de notre propre enquête, en donnant une notation phonologique et tonologique correcte des items lamé.

fendre	wók		(cf. kt wʌk)	
cuire	ʔdí		dəə	
vomir	vìnèʔè		ben, ven	
souffler	pe		pe(t)	
penser	caʔla		taa	
racine	sér	sà̰are, sà̰u		
cracher	túf		tuʔut	
oeil	ír	yár (mb)		yír
oreille	húm	súku	tók	twá
bras	ʔbá			ʔbwā
donner	nè			na-, ni-
tirer	ɮàm			ʔdam

Dans certains cas, il s'agit clairement d'emprunts, sans qu'on puisse toujours déterminer le sens de l'emprunt. Dans d'autres, il pourrait aussi bien s'agir d'emprunts d'une couche plus ancienne que de correspondances harsardeuses.

3. Composition des listes comparatives

2.10. Pour établir ces listes, nous sommes parti de la liste comparative NS de Greenberg. Nous avons déterminé si ses racines semblent être présentes en kl et/ou en ng, et nous avons ensuite cherché des correspondances possibles dans les langues BC et AE. Nous pouvons ainsi déterminer dans quelle mesure les racines en question sont répandues dans ces membres de la famille NC.

La liste comparative pour les langues NS, donnée par Greenberg (1966), se compose de 161 racines, dont 119 seraient susceptible de trouver un item correspondant dans notre questionnaire extensif, que nous employerons comme dénominateur commun. Nous donnons ci-dessus la liste de ces racines avec les numéros d'ordre de la liste de Greenberg. Entre crochets, nous donnons le ou les numéro(s) d'ordre des racines ayant le même sens dans la liste comparative que nous présentons ici. Entre parenthèses, nous donnons le sens de l'item correspondant de notre questionnaire, s'il diffère du sens de l'item dans la liste originelle. Le signe † indique que Greenberg emploie dans ses comparaisons des racines caractérisées par le même glissement sémantique.

1. sur [58, 72] (tête†, ciel)
2. tout [67]
5/6. bras [38, 65]

8. arriver [63, 122]
9. cendre [19, 77]
12. dos [108] (derrière)
13. écorce [116] (∿ peau)
18. oiseau [22, 57, 75, 112]
19. mordre [89]
21. noir [2, 59, 68]
22/23. sang [13, 23, 24, 97]
24. garçon [vd. appendice] (enfant[†])
26. sein [26]
29. frère [46]
35. nuage [vd. appendice]
36. froid [98]
37. venir : cf. arriver
38. cuire [60, 102]
41. vache [50]
42. couper [61, 71, 93]
43. danser [11, 20, 62]
44. jour [17, 28, 55, 70]
45. mourir [3, 42, 118]
46. chien [vd. appendice]
47. boire [7, 37]
48/49. sec [117]
50. fumier [31]
51. terre [45, 74]
52/53. oeuf [21]
54. éléphant [15, 113]
55. excrément : cf. fumier
57/58. tomber [10, vd. appendice]
59. craindre [32, 61a, 106]
61. feu [64, 119]
64. donner [8]
65. aller [91, 123] (marcher)
66. descendre : vd. tomber
68. herbe [25, 76]
70. poil, cheveu : vd. oiseau
71. lourd [vd. appendice]
72/73. trou [87, 115]
75/76. corne [103]
77. chaud [51, 82]

78. maison [vd. appendice]
79. mari [1, 12, 41(c), 85]
80/81. tuer : vd. mourir
82. genou [96]
84. grand [vd. appendice]
85. gauche [105]
86. se coucher [33, 86]
89. pou [56, 104]
91. mâle : vd. mari
92. homme : vd. mari
93. beaucoup [vd. appendice]
94. viande [43]
95. mère [14, 48]
96. bouche [44]
97. nom [90]
98/99. nombril [vd. appendice]
100. cou [30, 109]
101. neuf, nouveau [40]
102. nuit : vd. jour
103. un [84]
106/7. personne : vd. mari
109. pluie [16, 49]
110. rouge : vd. sang
111. chemin [31a]
112. corde [81]
113. courir : vd. craindre
114. sable [69]
115. dire [36, 110]
116. voir [9, 99]
117. graine [73]
118. soi-même [52] (corps†)
119. mouton [18, 66]
120. épaule : vd. dos
121. côté [120] (près)
122/3. chanter : vd. danser
124/5. petit [vd. appendice]
126. fumée : vd. cendre
127/8. étoile [88]
129. dérober [34]

130. bâton [92]
131. pierre [29, 94]
133. queue [35, 114]
135. épais [vd. appendice]
138. lancer [6, 121]
139. attacher [53, 100]
140/1. langue [83]
142. deux [79]
143. urine [80]
144. vomir [54]
145. sexe féminin [39, 107]
146. eau : vd. pluie
148. quoi [5]
149. quel [101]
150. blanc : vd. sang
152. qui [41(a, b)]
153/4. femme [47, 95]
155. vent [4]
156. aile : vd. oiseau
157. avec [vd. éléments grammaticaux]
158/9. année [27, 78, 111]
160. jaune : vd. sang

2.11. Par ailleurs, nous avons relevé toutes les racines dans les langues AE et BC enquêtées, présentant une ressemblance à une racine de nos corpus kl et/ou ng, même si cette dernière ne correspond à aucune racine citée par Greenberg dans sa liste comparative NS.

Dans les cas où les racines de nos lexiques peuvent être rapprochées de celles qui apparaissent dans la liste NS de Greenberg, nous donnons, dans l'entrée pertinente, une espèce de "reconstruction" abstraite, déduite de l'ensemble d'exemples cités par Greenberg. Nous séparons les segments de cette reconstruction par des "+" ; les barres (/) distinguent les descriptions articulatoires (ou les signes phonétiques) des divers types de sons qui peuvent se trouver dans une position donnée de la racine ; les parenthèses encadrent des segments qui sont absents de certains exemples. Il est évident qu'il ne s'agit aucunement de vraies reconstructions ; elles servent uniquement aux fins de comparaison avec les formes trouvées dans les langues de notre corpus.

2.12. Remarques : Les tons sont marqués là où on peut être relativement sûr de donner le ton lexical correct. Lorsque la tonologie est plus complexe et qu'il est difficile de préciser le ton lexical nous ne l'indiquons pas (ceci est le cas notamment des verbes dans certaines langues).

En cas d'intérêt comparatif, à côté des racines kl apparaissent les racines correspondantes données par Lucas (1937) dans son glossaire du **kànùrí** (kn).

A différence du groupe AE, une quantité importante de données lexicales existent pour de nombreuses langues du groupe BC. Nous citons donc, avec les entrées pour le ny et le nl, les reconstructions pertinentes données par Guthrie (1971) pour le proto-bantou (PB), et les reconstructions proposées par Williamson (1968, 1973) pour le BC commun (W suivi du numéro de l'item lexical dans l'ouvrage cité et le(s) numéro(s) des reconstructions proposées).

Quelques exemples pour le sous-groupe E.3 ont été pris des listes de mots zandé (z) données par Tucker (1959). Ces exemples sont signalés par un (T).

4. Listes comparatives

1. homme a. kl kwá (kwâ) | A.4 : dr wə̰̄ə, hwàu, kt wố ; A.6 : g/p wò̰ra,
p/m/m wốr, wà̰r, d wà̰r, mb wàrké, nj wòro, P wṵ̀ru, A.11 :
f (nì-)hûn | E.1a : gby wí

cf. b. A.5 : vérè ; A.6 : g/p vā, nj (kali) v̂à

cf. personne c. (kn bî "mâle") | A.6 : g/p pē, p/m/m pò, -ˀbī, d pwè/pò,
nj -p | E.1a : gby bi'i ; E.1c : gbz bō ; E.3 : z bòrò (T)

cf. d. kl kốmká (∿ kwângâ ?), ng ngàu | A.11 : f máà | E.1c :
gbz mɔ́kɔ̄ ; E.3 : nzk kūm(g)bá

mais e. E.1c gbz kɔ́lī ; E.2 : bnd kō-sē "homme", àkɔ̄ "mari" |
P.B. : -kúá 1/2 "inhabitant" (C. & S.W.) (∿ W.59.4 ?).
G.79 : m + a/o + chuint/affr palat sourde (vd. d.)
G.92 : (voyelle) + b + a/i (vd. c.)
G.106 : b + a/o/e + r/l + o/u (vd. a., b.). Cf. W.59.3/6/9/12.
kl kwa < k-wa ? Cf. racine n° 12. Cf. aussi ng dəu (< də-w ?).
Le mundang oppose wṵro "il"/wốr "homme". Cf. ny ŋwūró "il".

2. noir ng jìndō "obscurité" | A.4 : dr iir ; A.6 : g/p jur,
nj yir ; A.11 yiir | E.3 : nzk yūlū "nuit" | P.B. :
-yídù DP (N., S.W., C.E.), -yɨ́d- "get dark" (gén.)
G.102 : (t/k/g) + i + n/l + i ("nuit"). Cf. ng tìl "nuit"

3. tuer kl yèzə́- (yèzə́-skìn) | A.6 : g/p i, mb yi, nj i | E.3 :
nzk imi | P.B. : -yɨ́t- (gén), ny jim, nl ɲe-li
G.81 : semi-voy palat + a/e/i ou semi-voy lab + a/i/u (vd.
racine n° 118)
Cf. W.54.2/6

4. vent a. kl kàrə́wá (kǎrwà)

cf. souffler b. A.5 : wura ; A.6 : p/m/m ul, mb wula, nj/P ul ; A.11 :
yoora | E.1c : mnj ùlù, gbz wūrù ; E.2 ˀùrū (əyì, yìgú, yùgú
"vent") ; E.3 : nzk ulu (yūgū "vent")
G.155 : (a) + u/o/i + l/r + u/i
kl kàrə́wá < kǎrwá < kV̀-ə́rwá ?
Cf. ng lél "vent"

cf. souffler c. kl pù- (ɸù-) | E.1c : gbz pūpà | B.C. : ny fuŋ-, nl fəˀ-li

et vent d. E.1a : búk ; E.1c : mnj pùpù | B.C. : P.B. -pṵ̀ṵ̀pà, -pṵ̀ṵ̀pṵ̀
9/10 (N.W.)

mais souf-
fler — e. A.2 : **peb-** ; A.4 : dr **pet-te**, kt **peedi**

et vent — f. A.6 : g/p **fyármá** | B.C. : P.B. **-pépò** 9/10 (gén.)

5. quoi ? — a. kl **à-wí** (à-ví), ng **ʔdí** | A.2 : **ɲáārī** ; A.4 : dr **èn**, **nènā**, kt **nʌ́** ; A.5 : **yē(-vé)** ; A.6 : d **í**, nj **à-hḭ̄**, P **hāḭ** ; A.11 : **jáa / jí** | E.1c : mnj **nyɛ̰̀** ; E.2 : **yēkà** ; E.3 : nzk **īndá** | B.C. : P.B. **-nį́**, **-yànį́** DP (N., C.E.), ny **yáŋ**, nl **yée**

cf. chose — b. kl **àó** (àgó), ng **né** | A.2 : **pén** ; A.4 : dr **ēn**, **hēn**, kt **ʌ̄nə̄** ; A.5 : **vé** ; A.6 : p/m/m **fèn**, d **fō**, mb **fàn**, nj **fè**, P **fḭ̀** | E.1c : mnj **yí** ; E.2 : **ə̀rə̀** ; E.3 : nzk **ɛ̰̄** | B.C. : ny **yáu**, **ɲéu**
G.148 : (nas/voy) + occl alv son + a/e/i/u

6. jeter — kl **yír-**, ng **-il**

7. boire — kl **ya-(yá-skìn)**, ng **-ai**

8. donner — a. kl **yi- (yí-skìn)**, ng **-a** | A.2 : **ɲan** ; A.5 : **ana** ; A.6 : g/p **he**, mb **hḭ**, nj **hi**, P **ha̰** ; A.11 : **hḭra** | E.1a : **haa̰** | B.C. : P.B. **-yį́nk-**, **-nį́nk-** (C.W., S.W., E.), ny **na-/ni-**, W.45.2/3/5b/6

mais — b. A.4 : dr **póo-le** | E.3 : nzk **ʔṵ**, z **fú** (T) | B.C. : P.B. **-pá-**, **-páan-** (gén.), **-pé-** (N.), nl **fó-li**, W.45.1
G.64 : (voy) + nas alv/nas palat + a/i/o

9. voir — a. ng **-o** | E.2 : **wū**

cf. — b. A.2 : **ɲen-** ; A.4 : dr **hə̰ə-le** ; A.6 : mb **yara**, g/p **hee** ("regarder") | E.1c : gbz **yɛ̄rɛ̀** | B.C. : P.B. **-yén-** (N. & C.W.)

cf. oeil — c. A.11 : **nìsí** | E.1a : **yí-wi** | B.C. : P.B. **-yícò** 5/6 (gén.), ny **yír**, nl **hɯ́**

10. tomber — kl **yùrú- (yùrú-skìn)**[5], ng **-usu** | A.4 : dr **waa-ne**, **wan-ne** ; A.5 : **weta** | E.1a : **yoaa**
Cf. appendice : "tomber, descendre"

---

[5] Lucas (1937) donne comme forme de base du verbe "tomber" **yùrúskìn** ; il remarque aussi l'existence d'un préfixe **tə-** pour marquer la 4e forme des verbes en **-skin**. Mais la forme de base de la 4e forme (causatif) de **yùrú-** à la 3e pers. sing. (= "pleuvoir") est **sùdùr-**. Nous supposerions donc la dérivation :

sə̀	**-tə̀**	**-(y)ùr(ú)-** > **sù-tù-ùr-** > **sùdùr-**
3e pers. sing.	4e forme	

Cette dérivation est parfaitement régulière en kanouri, à l'exception de la sonorisation du **-t-**. En fait, les verbes en **-skin** à initiale consonantique occlusive sourde sonorisent cette consonne quand les marques de la 3e pers. sing. et pl. sont préfixées, à l'exception des verbes à **t-** initial. Pour Lucas, il semble aussi exister une triple opposition **t/tt/d** à l'intervocalique, ce qui n'arrive pas dans le cas des autres ordres consonantiques. Malgré cette irrégularité, nous trouvons plus logique de trouver la source du **-d-** de **sùdùr-** dans la marque de la 4e forme (et si le verbe "pleuvoir" était personnel, nous nous attendrions à trouver un **t-** initial aux autres personnes). La forme entière ne doit donc pas être prise comme racine, comme le fait Greenberg (racine NS n° 58).

11. chanter a. kl yé- (yé-) | A.4 : dr yée ("chanson") | E.1a : yèe ("danse") ; E.1c : mnj yē ; E.3 : nzk yà
Cf. bnd ēcī "chanson"
b. A.2 : nim | B.C. : P.B. -yímb- (gén.), ny jim-, W.81.1
Cf. W.81.5 et W.25.2/5
c. ng -osu
G.123 : (h/w/y) + i/e/a/o + vibr + (voyelle)

12. personne kl kə́m (sing.)/ə́m (pl.) | B.C. : ny (nīt-)ām, nl wə̀ (sing.)/ bə́ (pl.)
∿ G.107 : k + e/o/u/wa + (i) ? Mais cf. racine n° 1.

13. sang a. ng məsī | A.4 : dr mēm, kt mīm | E.1a : mnj mɛ́nɛ̄
mais b. A.2 : ɲə́ŋ ; A.5 : žḛ̄ ; A.6 : g/p cám, d cééme, nj sém, P sím ; A.11 : njíìm | E.1c : nzɛ̄ ; E.2 : ənjī | B.C. : ny jə́m, nl címa
Cf. racine n° 97.

14. mère kl àmmə́ | A.6 : g/p āmə́, p/m/m mə́ | E.1c : mnj màmə́ ; E.3 : nzk mā | B.C. : P.B. -mə́ə́ 1a/2 (N.), -mə̀àmə́ 1a/2 (C., N.W.)

15. éléphant kl kùmóówún (kə̀mɑ́gə̀n) | A.4 : dr mbàllu ; A.5 : bòŋ ; A.6 : p/m/m bàle, nj mbàli | E.2 : mbàlà ; E.3 : nzk mbà̰nlà̰ | B.C. : W.34.4/6
Cf. gby fòrò

16. eau, pluie a. ng mān ("eau") | A.2 : mōbí ("nuage") ; A.4 : dr mām, kt mōmo "eau" ; A.6 : p/m/m bàm, d mbùmʔi, nj/P mbàm ("pluie") ; A.11 : bún ("pluie") | E.1c : gbz mā ("eau") ; E.3 : nzk māmī | B.C. : nl mbɯ̀ŋ ("pluie"), mbàʔ ("nuage")
Cf. ny ʔbè ("nuage"), ʔbóŋ ("rivière") ; P.B. -bʊ́dà 9 (gén.) "rain", bnd yā-vūrū "pluie" ; W.100.5/7
mais b. A.2 : na ("pleuvoir") ; A.4 : dr nān- ("pleuvoir"), kt nāŋo ("pluie") ; A.6 : g/p ndám ("pluie") | B.C. : ny nɔg- ("pleuvoir")

17. jour kl kàwú (kɑ̀vú), (kn də́bdò "sunrise to sunset") | A.2 : mó ; A.4 : dr bə́ʔu, kt bə̀re | E.1c : gbz mbúrù, ʔbàkə́

18. mouton a. A.4 : dr mbìu ; A.5 : mə̆rè ; A.6 : mb mbōlī, nj mbūlē
∿ G.119 : (k) + e/o/u + later/vibr ? Cf. P.B. -méémé (5/6), (7/8) (W.), bnd yā-bùrù "chèvre"
cf. b. E.1c : mnj ngbàgà ; E.3 : nzk àngbàgà | B.C. : P.B. -pángá 9/10 (N.W., S.W., C.E.)

19. cendre kl búwú (bú), ng bú | A.2 : pú | E.1a : bùk ; E.1c : mnj mbītí ; E.2 : mvōrō(-wò) | B.C. : P.B. -bʊ́ (3), 5 (gén.) ; W.5.1
G.9 : occl bilab son/fric labio-dent sour + u/o + vibr/occl

alv + (voyelle)

Nous avons souvent obtenu pour "cendre" un composé dont l'un des éléments est la racine "feu". La deuxième consonne de la formule donnée ci-dessus, peut-elle être en rapport avec la racine n° 61 de Greenberg ?

20. danser — kl pàr- (fàr-), ng pā ("chanson") | A.4 : dr bi̯i-le ("chanter") kt vére ("chanson") | E.1a : biaa ("chanter") ; E.1c : gbz bē, mnj bīá ("chanson") ; E.2 : mvī ("chanter") ; E.3 : nzk bīá ("chanson") | B.C. : P.B. -bín- (gén.), nl bindi, W.25.1

G.43 : (a/o/u) + b + a/e/i

21. oeuf — a. kl ngúwúl (ngə́və́l), ng kàu

kl nguwul < n(-)gu.vul (cf. kn kù(-)gúì "poule") ? ng kau < ka-w ? Mais cf. gby kwí, s gāá, mo ánké

cf. — b. A.4 : dr bāʔa, kt bʌ́ʌ ; A.6 : g/p pa̰ára, p/m/m pá̰ʔr, mb pára, nj/P pá̰ra | E.1c : gbz pārā, mnj pālā ; E.2 : pɨ̄rɨ̄ ; E.3 : nzk pālā

mais — c. B.C. : ny ʔbṓ/ʔbó̰, nl bóm, W.33.2

G.52 : (k) + (voy) + nas/mi-nas/occl bilab + i/e/o/u

G.53 : occl vél + i/e/o/u + lat/vibr

Il peut s'agi̹r de la même racine si, dans le premier cas, il y a eu perte de la consonne finale, et dans le deuxième, chute de la bilabiale intervocalique.

22. cheveu — a. (kn kàmbúdì "horsehair") | Ȧ.2 : gīpsí ; A.6 : mb fúrmà, nj pūrmā / pērmā/pūrā | E.1a : búmá ; E.3 : nzk bāngì | B.C. : P.B. : -bʊ́ì/-bʊ́ì̜ 9/10, 11/10 (gén.), ny mbʌ́ŋ

Cf. kl kùndúḷí (kùndúḷí), P.B. -búdì̜ 9/10 (N.E., S.E.)/-bùdì̜ 5/6 (E.), -dʊ́ídí (N.E., C.E.)

cf. plume, aile — b. kl pùlpúl, ng bè | A.4 : dr bētu ; A.6 : p/m/m mbə̰́, mb fòr, nj póro/mbóre, P bɔ́re | E.1c : mbārà ; E.2 : kōmbō/kāngā ; E.3 : nzk kpūngí | B.C. : P.B. -pàpá 5/6, 11/10 (N., C.W., S.E.), nl fùhù

Cf. kn féfétò

G.18 : occl vél + voy + semi-voy/nas/occl bilab son + ∅/o/i/a + voy

G.70 : (k + a) + nas/mi-nas bilab + u + lat/vibr + (voy)

G.156 : fric lab-dent + a/e + t

Il semble évident qu'il existe un rapport entre ces trois racines.

23\. blanc

a\. kl bûl, ng bòlō ("jaune") | A.2 : būrkí ; A.4 : dr puʔi ("jaune") ; A.5 : púlaārḗ ; A.6 : p/m/m pu/fa̰i, mb fùkú, g/p, d, nj, P pu ; A.11 : bu | E.1a : bua ; E.1c : mnj vùrū ; E.2 : mvò | B.C. : ny ʔbū́r, nl púm, fú, W.80.2/7
Cf. P.B. -mùdik "shine" (N.W., E.) et W.80.10.

cf. b. E.1c : gbz písí ; E.2 : émbí ; E.3 : nzk fìsí
G.150 : fric/occl/mi-nas bilab + i/e/a/o/u + occl alv
G.151 : fric/occl bilab sour + a + vibr

24\. jaune

A.4 : dr byḛ́u, kt béŋi ("rouge") ; A.6 : g/p bāʔāmà, nj bàlā
E.1a : gbea ; E.1c : mnj bɛ̄ngɔ̄, gbz gbàgbā ("rouge") ; E.3 : nzk gbákìŋgì | B.C. : P.B. -bèŋg- ("rougir") (W.), nl bàngà/bùŋ ("rouge")
G.160 : nas/occl bilab son + i/e/a/o + n

25\. herbe

(kn búdú), ng mṵ́ | A.2 : pố ; A.5 : vòo

26\. sein

a\. ng mbà | A.6 : nj/P pám | E.1a : bɨ̀r-wi | B.C. : P.B. -béédè 5/6 (gén.), -béénè (N.W., C.W.), nl búndī

b\. A.4 : dr va̰a̰, kt vʌ̄̀ ; A.5 : mí̄ī ; A.6 : g/p wa̰ne/wó̰ni |
E.1c : mnj mɛ̀ ; E.3 : nzk māmì | B.C. : ny māŋ
Mais kl tyám (tə́gàm "lait", câm "sein"). Cf. bnd àngɔ̀ et G.26.

27\. année

a\. ng wə́l | A.4 : dr vīʔu, kt vēere ; A.6 : mb písì | E.1a : pè

b\. kl bê ("saison sèche") | E.1a : bèe ("saison sèche") | B.C. : ny fá̰/fwɛ̰́ ("saison sèche")

c\. ng ʔbāl | E.1a : bàr ("saison des pluies")

d\. E.1c : mnj bùrū ("saison sèche") | B.C. : P.B. -bṵ́ 3/4 (N.W., C.W.)

28\. nuit

a\. kl búnḗ | A.6 : p/m/m fu/po ("noir") | E.1c : mnj vùkɔ̄ ("noir") ; E.2 : bū ("noir")

cf. b. A.2 : vikri ("noir") ; A.4 : dr vìt/vìl, kt vìne ; A.5 : virki ("noir") ; A.6 : nj pir ("noir") | E.1c : mnj bī, gbz bíkì ; E.3 : nzk bī-bìlì | B.C. : P.B. -pínd- "become black" (N.W.)

29\. pierre

ng mbāl | A.2 : vàaní ; A.4 : dr ʔbál-wāu ("montagne") ; A.5 : vàalè | A.6 : p/m/m waáre ("montagne") | E.1c : mnj wɛ̰́ ; E.2 : bàjà ; E.3 : nzk mā̰nlā̰ | B.C. : P.B. -bùè 5/6 (gén.) ou -pèdò 9/10 "grinding stone" (N.W., C.), ny pʌ́ŋ , W.90.2/7
Cf. dr pīnu, bnd ɨ̄kpɨ̄

30\. cou

(kn bə́dí "nape") | A.4 : dr vək ; A.5 : vǒkrì ; A.6 : p/m/m wàre
Cf. ny ʔbí
G.100 : semi-voy / occl son/fric sour bilab + ə/i + occl alv

31. excrément a. kl bə́l̥î (bə́l̥ì) | A.4 : dr vítu, kt víre ; A.5 : vḭ̂ ; A.6 : mb ?bár, nj/P v̂éri | E.3 : z míṟe (T) | B.C. : P.B. -bí 6, 13 (gén.)

cf. b. A.6 : p/m/m múr | E.1c : mnj pùrú

G.50 : m + o/u/ə + vibr/lat/occl alv son/ nas alv

G.55 : semi-voy bilab/occl bilab + i/ə/e/u + lat/vibr

31a. chemin kl záwâl, ng ?də́u | A.6 : g/p (mā́a-)fúl, p/m/m zì?wá, jə̀?wà, fālí, mb (mā́a-)fíl, (mā́a-)fúl, nj (mā́a-)vál, P fā́a ; A.11 : sàwrì | E.1a : yíwár

Lucas donne aussi les formes suivantes en kn : závà, záwàl, díwàl, də́lvù. G. occl alv + i/e/wa/ə/o + lat. Nous proposerions une racine ayant la forme : bilab ou labio-dent non occl + a/i/u + lat

32. craindre a. (kn bə̀r- "startle"), ng ?bel | E.1c : mnj mbɛ̀tɔ̀ ("peur") | B.C. : ny ?biyu

Cf. mnj kpɛ̄, bnd kpē, nzk kpɛ "courir", et P.B. -pút- "courir" (W., S.E.)

cf. b. A.4 : kt wʌʌri ; A.6 : nj wāu ("peur") | E.2 : àwà ("peur")

33. se coucher a. ng bī ("sommeil") | E.3 : nzk pi | B.C. : ny ?bínà ("sommeil")

cf. b. kl bò- (bò-) | B.C. : P.B. -bút- (C.W., C.E., S.E.)

Cf. kt fʌ̰ʌ̰ri

G.86 : (voy) + b + i/u/o/e

34. dérober kl bárúù (bárvù) ("voleur") | A.4 : kt pʌʌri ; A.5 : ?bo | E.2 : āngbā

35. queue ng ?bòŋ | B.C. : ny ?báŋ

36. dire kl mànà- (mànà-), ng pa(na) | A.4 : dr moo-le/mba ("dire"), mō ("parole"), kt mṵri ; A.6 : p/m/m ?bà, mb ?bè, nj/P ?bài | E.1c : gbz gbɔ̄ ; E.2 : bnd pā ; E.3 : nzk pəyi | B.C. : P.B. -póp- "speak" (W.)

Cf. mu faa, mb faŋa "dire" ; nzk fùkə̀ "parler". Cf. aussi mb ma-na "connaître"

37. boire A.5 : ?boona

Cf. nzk mbìlì, P.B. -mṵ́- (N.W., E.)

G.47 : (voy) + occl/mi-nas bilab + a/u

38. bras a. kl múkó (múskò) | A.4 : dr vəŋ ("jambe") ; A.6 : nj/P bɔ̀kɔ ("jambe") | B.C. : P.B. -bókò 3/4, 5/6, (7/8), (11/10), (14/6), 15/6 (gén.), ny ?bwá, nl bó, W.2.1

cf. b. A.2 : wáà ; A.6 : g/p, p/m/m, d kpàle (gbàle ?) ("jambe") | E.1c : gbz kpā ; E.3 : nzk bɛ̄

G.5 : (k + voy) + mi-nas/occl bilab son + (a/e/i)

39. sexe féminin (kn fárgì) | B.C. : ny fúr
G.145 : occl bilab + u/i + t

40. nouveau kl bə́ḷi̊n (bəḷi̊n) | A.2 : pasi ; A.4 : dr pàɲu, kt pū́mī ; A.6 : g/p fwi, p/m/m fo, d foi, mb feke/fo̰ko, P fe/fu ; A.11 : bùtá/fṵu- | E.1a : mbe ; E.1c : mnj fìní ; E.3 : nzk mvɔ̀gɔ́ | B.C. : P.B. -pé DP (N.W., S.W.), ny pe, nl fe

41. qui ? a. ng ná | A.4 : dr nón | B.C. : P.B. -náà (1a/2) (N. & C.W.), ny á-níkḛ
cf. b. kl ndú | E.2 : ədē ; E.3 : nzk dà
cf. personne c. A.2 : ně ; A.4 : dr nánu, kt nī̂ ; A.11 : nìrì | E.3 : nzk nī | B.C. : ny nīt(-ām)(sing.), nau (pl.)
Cf. aussi g/p nókó "autre". G.152 : nas pal, vél, alv + a/o

42. mourir kl n- (nú-skìn) | A.4 : dr noo-le
Cf. W.54.4. Aussi dr not-te "tuer"

43. viande a. kl kálúmí ("animal") | A.6 : g/p, d, mb, nj, P nài ; A.11 : nṵ́rí | E.1c : mnj ɲàmà ; E.3 : nzk ɲā | B.C. : P.B. -yàmà, -nyàmà (1/2), (7/8) (gén), ny ɲà, nl ɲàm, W.60.1
Cf. nj hài. G.94 : (voy) + n + (y) + i/e/a/o
mais b. A.5 : séŋ | E.1a : sàʔdì ; E.1c : mnj sà, kásà, gbz sɔ́ ; E.3 : kūsá
c. kl dá (dâ), ng dā

44. bouche a. kl cí, ng tār
G.96 : (voy) + occl alv + u/o/a/i
cf. b. E.1a : nṵ-wi ; E.3 : nzk ngbá | B.C. : P.B. -nṵ̀à 3/4, (7/8), 12/13 (gén.), ny nṵ̀, nl lú
c. A.4 : dr ɲāk, yāku, kt yāko ; A.5 : ɲá ; A.6 : g/p, d, mb, nj, P njáka, p/m/m zāke ; A.11 : yɛ̰́k | B.C. : P.B. -nyà 3/4, (N.W.), -nyṵ̀à (3/4), (12/13) (N.W., [N.E.], C.E.)
d. A.2 : mòmí | E.1c : gbz mò ; E.2 : àmà | B.C. : P.B. -mṵ̀à, -mùà (12/13) (N.W., E.)

45. terre a. ng nàŋ | A.6 : mb njál | E.1a : nù | B.C. : ny njàn ("sable"), nl ɲɯ̀ŋ
Cf. aussi mb njàŋ, mo jàa "champ" ; vd. "sable" (racine n° 69)
cf. b. A.4 : dr hák, kt égo
Cf. kt āŋo "champ"

46. frère kl yèyá (yàá), ng njègū | A.5 : ńjá ; A.6 : g/p ɲén, p/m/m ɲáʔn, nj/P ɲín | E.1a : ɲá-wi ; E.2 : āyé | B.C. : ny nám, nl -ŋgwā ("soeur"), ŋgwāplì ("frère")

47. femme ng (dɘ̀-)nē | A.4 : kt yʌle, A.6 : p/m/m ɲén, mb yè, yé, P yə̰̀ | E.2 : yā(-sē) | B.C. : ny njān, nl jé, W.102.5

G.154 : (k + voy) + n(y)/ŋ + a/e

48. mère a. kl yá (yâ) | E.1c : gbz íyā ; E.2 : èyī | B.C. : P.B. -yíyà (N.W., N.E.)

G. 95 : (a/i) + y + a/o

cf. b. A.2 : ɲǎ ; A.4 : dr nàʔà, kt nʌ́ē ; A.5 : nǎ ; A.11 : nùu | E.1a : nàa ; E.2 : ànā | nl ŋgwá

Cf. P.B. -nyàŋgú (1a/2) (N.W.)

49. eau a. kl njí (njî), ng ndī | E.1a : yì ; E.1c : mnj ngú, gbz ngó ; E.2 : əngú ; E.3 : nzk ndīgì | B.C. : P.B. -jí, -njí 6 ([C.W.], N., [C. & S.]E.), ny nīḿ, nl ndíbí, W.100.1/2/(4?)

b. A.5 : mí ; A.6 : g/p bī, p/m/m bè, mb, nj, P mbì

G.146 : i/e + mi-nas pal, vēl + i

50. vache A.2 : nàa ; A.4 : dr ndàu, kt nàgo ; A.5 : nàpú ; A.6 : P ndài | B.C. : ny ɲà, W.22.1/5

∿ G.41 : (k + i) + occl alv + i/e/a/o/u + nas alv/nas, occl vēl ?

51. chaud a. ng tùngá | A.5 : toona ("brûler") ; A.6 : mb, nj, P tok

mais b. A.6 : g/p roko ("brûler") ; A.11 : dɔ̀ɔré | E.1c : doaa ("brûler")

Cf. P.B.-tų̀mḅ- "burn" (N.W.)

G.77 : occl alv + o/u + occl, mi-nas vēl. Cf. racine n° 82

cf. c. A.2 : sùsú ; A.6 : p/m/m cok (cf. sak "brûler") | B.C. : ny sú

d. A.4 : dr aŋ-ne ; A.11 : ak-ta ("brûler")

aussi e. A.4 : kt seri ; A.6 : p/m/m sen, mb sara

52. corps kl tíə́ (tígə) | E.1a : tè-wí ; E.1c : mnj tɛ̀rɛ́, gbz tɛ́

(∿ soi-même) G.118 : (voy) + vibr + i/o. La possibilité d'un rapport entre cette racine et G.1 doit être prise en considération.

53. attacher ng tɔ | A.2 : taŋi ; A.4 : dr ta-, te-le, kt tari | B.C. : P.B. -tát- (C.W., N.E., S.E.) ou -túŋg- (gén.)

Cf. kl jérə- (jérə-skìn)

54. vomir a. kl tùpá- (tùfá-), ng tomo | A.2 : tus- ; A.4 : dr tuʔut, kt təərəni ; A.5 : tuka ; A.6 : p/m/m tuk | B.C. : P.B. -tų́-

(∿ cracher) "spit" (gén.), -dúk- "vomit" (gén.), ny tuk-, nl tuli, W.87.1

cf. salive b. A.4 : dr sūt ; A.6 : p/m/m tə-sə̃ə́, g/p, mb, nj, P sám | E.1a : sáp ; E.1a : mnj súkù ("vomir") ; E.2 : (ngúrú)-sū ; E.3 : nzk sūró (cf. suku "vomir") | B.C. : ny twom

cf. vomir c. (kn zòrù-, zúsə-) | A.5 : žena ; A.6 : p/m/m zwə | E.1c : gbz zēè

Lucas voit dans le kn tùfá- un emprunt à l'arabe تَفّ .

G.144 : y + e/a + occl alv son/vibr (+ voy)

55. jour — a. ng **ndām**, **ndɔ̄** | A.4 : dr **nó?** ("matin"), kt **ɲóŋo** ("soleil") ; A.5 : **nó** ("matin") ; A.6 : g/p **nám**, p/m/m **nān** | B.C. : W.64.5
Cf. s **mó**

et — b. A.4 : dr, kt **tul-** "devenir clair" ; A.6 : p/m/m **tám**, **cóm**, P **tóró** ("matin") | B.C. : P.B. **-tʊ̧́kù** (5/6), 14/6 (W., N.E.), **-cʊ̧́kù** 14/6 (N.W., C.W., S.E.), ny **twḗ**, nl **tú?ú** (cf. **cwē** "soleil"), W.64.1
Cf. A.6 **tḭ** "briller", **taŋ** "brillant"

cf. — c. ng **kàr** ("soleil") | A.2 : **dak-** ("être clair") ; A.5 : **ˀdàa** ("soleil") | E.1c : mnj **lá**, gbz **là** ; E.2 : **àlò** ; E.3 : nzk **ūlè**
Mais bnd **kàrà** "devenir clair".
G.44 : (k + voy) + occl alv/lat/vibr + (a/o)

cf. nuit — d. A.2 : **tàká** ; A.6 : g/p **sʊ̰́ì**, p/m/m **sūm**, d **sūngi**, nj/P **súŋ**, **sún**, **súm** ; A.11 : **tùmá** | B.C. : P.B. **-tʊ̧́kù** (5/6), 14/6 (W., N.E.),**-cʊ̧́kù** 14/6 (N.W., C.W., S.E.), ny **túr**, **tùrā**, nl **tùˀá**

56. pou — a. A.2 : **láká** ; A.4 : kt **làare** ; A.5 : **láká** ; A.6 : p/m/m **àlē** | B.C. : P.B. **-dá** 9/10 (E.)

cf. — b. A.6 : P **tóòrò** | E.2.: **àcó** | B.C. : nl **tīì**
Cf. ffde **tenˀdi** ; ny **cár**
G.89 : (i) + occl alv/siffl/affriq pal sour + i/e + occl alv/lat/vibr

57. aile, plume — (kn **tíktígà**) | A.4 : kt (**bí-**)**tēlē** ; A.6 : g/p **ta̰á**, p/m/m **ta̰ā**, d, nj, P **tá̰i**, mb **tḭ́** | B.C. : P.B. **-tèŋgá** (3/4), (9/10) (C.W., C. & S.E.), ny **tīgàū**

58. tête (∿ sur) — a. ng **dò** | A.2 : **tí** ; A.6 : d **tèki**, g/p, p/m/m, nj, P **túl** | B.C. : P.B. **-tú** 5/6, 15/6 (N., C.W.), **-túì** 3/4 (N., S.W., C.E.), nl **tó**
Cf. kn **tòḷî** "top"

cf. — b. kl **kəlá** | E.1c : mnj **lì̀** : E.3 : nzk **lī**

c. A.4 : dr **yúl**, kt **yúle** ; A.5 : **yúu** ; A.6 : mb **sóà̰** | E.1a : **zù-wí** ; E.1c : gbz **nzò**
Cf. P.B. **-yùtú** 3/4 (N.W., S.E.)
G.1 : (k + voy) + lat/vibr + a/o/e/u

cf. ciel — d. ng **dārá** | A.2 : **dànā** ; A.5 : **ˀdàpá** | E.1c : mnj **ndūzū**

59. noir — ng **ndul** | A.4 : dr **dili**, kt **diri**
G.21 : occl alv + i/u + occl alv (+ voy)

60. cuire — a. kl **dé-**, ng (**n**)**dir** | A.4 : **dəə-le**, kt **dəg-di** ; A.11 : **dɔɔ-ra** | E.3 : nzk **nla̰** | B.C. : P.B. **-tédik-** (gén.), **-dámb-** (N. & C.W.)

G.38 : (u/(w)a/i/o) + occl, implos alv/lat/vibr + i/e

cf. b. A.4 : dr ɲo ; A.6 : g/p **nju**, p/m/m **zə**, **joŋ**, d **njok**, mb **zo**, nj **nja**, **nji**, **nju**, P **njo** | B.C. : W.74.5 ?

cf. c. A.2 : **sak-** ; A.5 : kt **su-** | B.C. : ny **sə-**

61. couper kl **ré-** ("fendre"), ng **riba** | A.4 : kt **dəŋ-ni** ; A.6 : g/p **ndiʔ**, p/m/m **ndiʔ**, **ndem**, **ʔnəə** ("tranchant") | E.1c : mnj **dɛ̄**, gbz **dɛ̄** ; E.2 : **dé** ; E.3 : nzk **dɛ** | B.C. : P.B. **-tín-** (gén.), **-téén-** (N.W., E.), **-ténd-** (N., C.), **-tèèt-** (W., C.E.), W.28.4 ?
G.42 : t + i/e/a/o/u + m. Cf. kl **tímíà** "tranchant" < **tímì** "dent (incisive)", et les racines **táp-/ráp-** "couper" en kn. Cf. aussi gby **to̰aa** "tranchant", nl **condi** "couper".

61a. craindre a. kl **rí-**
G.59 : (e/o/u) + r + (i/e). Cf. P.B. **-tíy-** "run away" (N. & S.W., C.E.), W.39.4 ?

cf. courir b. A.4 : dr **(n)duu-le**, kt **duu-le** ; A.6 : **ʔduk**, **ʔdul** | B.C. : ny **lu**
Cf. dr **ndōk** "course", f **ʔnɔɔ** "courir"

et c. A.5 : **taana** ; A.11 : **tol-la** ("craindre") | E.2 : **ārɔ̄** ("course") ; E.3 : nzk **ɔtɔ**
Cf. G.113 : siffl/affriq pal son + e/a/u + vibr + (voyelle)

62. chanter a. A.5 : **taŋna** | B.C. : ny **ʔdog-**, W.81.4/7, 25.3

b. A.6 : **ʔdi** | B.C. : W.25.7a ?

c. A.6 : p/m/m **lìŋ**, **làŋ**, g/p, d, mb, nj, P **sìŋ** ("chanson") ; A.11 : **sii-ra** ("danser") | E.1c : gbz **sī** ("chanson") ; E.2 : **ēcī** ("chanson") | B.C. : W.81.8

cf. danser d. A.2 : **sooni** ; A.5 : **cona** | B.C. : W.25.8

e. A.4 : dr **naa-le**, kt **nʌ-ri** ; A.6 : g/p **ndaʔa**, p/m/m **daʔa**, d, mb, nj, P **ndài** ("danse") | E.1c : mnj **dɔ̄dɔ́** ; E.2 : **dɔ̄** ; E.3 : nzk **dɔ**
G.122 : occl alv. + o + n

63. venir a. kl **àré** (**ɑ̀ré**) ("viens !"), ng **ʔde** | A.6 : p/m/m **dai** ; A.11 : **dik** | E.1a : **te** | B.C. : ny **di**

b. A.5 : **tore** | E.1c : gbz **dɔ̄** | B.C. : P.B. **-dʊ̀-** (N., C.W.), nl **tondi**
G.8 : occl alv + a/o/u/i + lat/vibr/nas alv

64. feu A.2 : **yísī** | B.C. : P.B. **-yíà** 13, (19/13) (W., N.E.)
Cf. aussi P.B. **-dìdò** 3/4 (C.W., S.W., E.). G.61 : i/e/o/u/a + occl alv/siffl + u/o/a/i

65. bras a. ng **jī** | E.1a : **ɨ́r** ; E.1c : mnj **tī**
G.6 : ((k)a/e) + occl, retrofl, mi-nas alv + a/i

cf. b. A.4 : dr nāk, kt nʌ̄ʌ̀ ; A.5 : nâ ; A.6 : g/p ndól, p/m/m dɔ́ʔle, mb, d, nj, P ndóko | E.2 : tənʌ́, kānʌ́

cf. jambe c. kl dúnó ("cuisse") | A.4 : dr dōʔo, kt dōre ; A.5 : dó | E.1c : gbz nū ; E.2 : ənū ; E.3 : nzk ndɔ̄

66. mouton a. (kn tʌ́mà "ewe-lamb") | A.4 : kt t̀ām ; A.6 : mb sʌ́mʌ́ ; A.11 : tā́m | E.1a : sʌ́mí ; E.1c : gbz tàbà | B.C. : P.B. -tàbà (1a/2), (7/8), (9/10) ("goat" !) (N. & C.W.), ny tə̄msí

cf. b. kl dímî | E.2 : ndà-lī́mì

67. tout kl sʌ́mʌ́ (sɑ́mmɑ́) | A.6 : p/m/m cám | E.1c : mnj nzu̯ | B.C. : P.B. -cè DP (N., S.W.), -có DP (N. & S.W.), ny cwì̯i, nl cìm
G.2 : occl alv + a/u + nas. Cf. P.B. -gɪ̀mà DP "whole" (N., C.).

68. noir kl sələm | A.6 : g/p ci | B.C. : ny sir

69. sable a. kl cə́râ, ng (nāŋ-)ràa | A.2 : gèráa ; A.6 : d àrái | E.2 : ə́zə́rə̀
Cf. kn círɑ̀ "gravel" !

b. (kn késɑ̀, césɑ̀) | A.4 : dr sa̯ku, kt sì̯ií ; A.5 : sēelé | B.C. : P.B. -cégé (N.), -cèŋgà (3), 5, (9), 11 (N., C.)
G.114 : (t)s + i/a + occl, nas, mi-nas vél/nas pal + voy

70. jour, soleil a. kl kʌ́wsû (kʌ́ùsú) | A.2 : sú ; A.4 : dr (ɲà-)sàu ; A.6 : d cí, mb, nj, P sé | E.1a : wèsé | B.C. : ny sāré, nl cwē
kl kawsu < ka-wu-su ? Cf. racine n° 17. Cf. aussi "étoile" (racine n° 88).

cf. b. A.4 : dr záʔ ; A.6 : p/m/m zàʔ

71. couper (∿ fendre) a. (kn sál-) | A.2 : cek ; A.4 : dr sə̯ʔ-le ; A.6 : p/m/m sa̯a, mb, nj, P saka | B.C. : P.B. -céc- (W.),-cèèc- (N.W., C.W., E.), -cèŋg- (gén.), ny cep-, nl sati

b. kl jáná ("couteau") | A.2 : yákí ("couteau") ; A.4 : dr yeʔ ; A.5 : yeena ; A.6 : p/m/m gyee

72. ciel a. kl sʌ́mî | A.6 : g/p càn, p/m/m cìŋ | E.1a : zân
D'après Lucas, kn sʌ́mì < arabe سَمَاء.

cf. en haut, debout b. A.4 : dr yúbā, gúbā ; A.6 : g/p cíbà, d cú, nj cípì, síbà, P síà | B.C. : nl yùbà, jōplī ("ciel")
Cf. P.B.-yɪ́m-, -yím- "stand" (gén.), s jaam- "être debout", jim- "se lever"

73. graine a. kl kùsúní (kùsúnyì) | A.5 : žóm

cf. b. ng kʌ́ndé | A.6 : p/m/m tár, nj tı̰́rı̰́, P tírí | E.1c : mnj lɛ́, gbz lé ; E.2 : élé ; E.3 : nzk lī́ndí

et c. A.4 : dr ɲéenu, kt ɲénè | E.2 : ə́njí | B.C. : ny yàr, yír
G.117 : occl alv son + u/a + m

74. terre kl sə́dí | A.2 : sé ; A.4 : dr hát, hétu ; A.6 : g/p ásìiri, p/m/m síri, səri, d sāari, mb, nj, P sìri ; A.11 : sòori |

E.1c : mnj sɛ́sɛ̀ ; E.2 : àsò ; E.3 : nzk sɛ̄ndī | B.C. : P.B. -cí
9 (gén.), ny sāá, nl sé
Mais en kn existent aussi les variantes cídí, gə̀dí.

75. cheveu a. ng ìŋgà | A.4 : dr hṵ́ʔ ; A.5 : šènté ; A.6 : p/m/m sḭ̄,
mb, nj, P sòi | E.1c : gbz sū ; E.2 : sù | B.C. : P.B. -cị́tị̀
(N.W., C.W., C.E., S.E.), -cùkí 9/10, 11/10 (W., C.E.), -cṵ̀í
(11/10) (N.)

mais b. A.6 : g/p rḛ̄, d rṵ́i

76. herbe kl kàjím (kàjîm) | A.4 : dr hɔ́t, hɔ̰́t, kt ṵ́ṵrè ; A.6 : g/p,
p/m/m suʔ, d cùki, mb, nj hòi, P swí | E.1a : zɔ̰́ | B.C. :
P.B. -cúá (N.E., S.E.) ou -jánị̀ (N.W., [C.W.], C.E.), -yánị̀
(gén.), ny sém, nl nàmbi
Mais cf. pam tùki, mu fɛ́ʔ

77. fumée a. kl kànjé (kànjê), ng sà | A.5 : zǐŋ ; A.6 : p/m/m syák ("cendre"), d sáŋgi ("cendre"), nj sé ("cendre"), P sḭ́ ("cendre") ;
A.11 : sàmà ("cendre") | E.1a : zí | B.C. : P.B. -yị́kì 3, 14
(gén.)

b. A.4 : dr nīmu | B.C. : ny ɲím, nl ndíʔmá
Cf. kl kánnú "feu"

c. A.4 : dr hʊ́ʊmè ("cendre"), kt ʊ́mò ("cendre") ; A.6 : p/m/m
sʊ́ʔmi, d cʊ́ʊki, nj sʊ́ku, P (n)jʊ́ku | E.1c : gbz sùí ("cendre") | B.C. : P.B. -yɔ́kị̀ 3,5 (N.W., E.), yʊ́kị̀ (N.W., S.W.,
E.)

cf. cendre d. A.2 : tɔ́ɔ̀má ; A.6 : g/p átùkni ; A.11 : tùfkì ("fumée") |
B.C. : P.B. -tɔ́ 3, 14 (W., N.E., C.E.), -túé (N. & S.W.)
Cf. ny tím.

et fumée e. A.2 : dùū ; A.6 : g/p ʔdūrmi | E.1c : gbz ndʊ́rù ("cendre")
G.126 : occl alv + u/o + lat/vibr

78. année kl sàá (sàgá) | A.2 : zè ; A.4 : dr yíku, kt íī ("saison des
pluies") : A.5 : šâ ; A.6 : g/p, d sê, p/m/m sû, mb písì,
nj/P séù | E.1c : gbz yáká ("saison sèche") | B.C. : P.B.
-yákà 3/4, (7/8) (gén.), ny sɔ̀kà
∿ G.159 : a + y + (i/e) ?

79. deux ng sīrí ("7") | A.4 : dr ītú, kt īrō ; A.5 : zít ; A.6 :
g/p sídā, p/m/m síʔdā ("7"), nj sérè, P síʔdì | E.1a :
yíítòo ; E.1c : mnj úsè, gbz sítà ("6" !)
G.142 : (voy) + r/d (+ r) + i/o. Cf. P.B. -yòdè DP (N.W.,
C.W.), nzk īyō, kl àndí

80. urine a. kl còllɔ́ | A.4 : kt ōŋ ; A.5 : šɔ́šōktè ; A.6 : p/m/m cūm |
B.C. : P.B. -cùbà 6 (N.W., C.W.), ny cúŋ, nl cèmà

	b.	A.2 : yɪ̂ŋ ; A.4 : dr zíŋu | E.1a : ínì ; E.1c : mnj ínɔ̄ ; E.3 : nzk ḭnlḭmɔ̰́
	c.	A.6 : p/m/m tam, mb, nj tóm, P túmi
81. corde	a.	kl jé | A.4 : dr zāŋ ; A.5 : sóò ; A.6 : g/p sa̍ale, mb, nj, P sàl | E.3 : nzk (n)zɛ̀mɛ̀ | B.C. : ny súm
mais cf.	b.	(kn kàìlá), ng kòlā | A.4 : dr bḛ̄ʔu, kt bīilè | E.2 : ə́wɨ́, ə́wú ; E.3 : nzk gīlī | B.C. : nl wílī
		Cf. P.B. -gòdį 3/4, (5/6), 9/10, 11/10 (gén.)
		G.112 : occl, affriq alv/chuint sour + i,u/e,o + lat/vibr
		kn kaila < ka-yila, ng kola < kV-yula ou kV-wila ?
82. chaud		kl zúŋgù | A.4 : dr ɲaa-le ("brûler") ; A.6 : p/m/m laŋ, nj (n)jaŋ, njuŋa ("brûler"), P jaŋ | E.2 : zú ("brûler") ; E.3 : nzk zɔkɔ ("brûler") | B.C. : P.B. -dùŋg- (N., C.)
		Cf. racine n° 51 ci-dessus.
83. langue	a.	kl tə́lám (tə́làm) | A.2 : léè ; A.6 : g/p rín, p/m/m rīl, d rém, mb lèlém, nj/P rím, lím ; A.11 rɛ́ɛŋ | E.1a : léʔbí ; E.2 : tī-(mà) | B.C. : P.B. -dámì (N.), -dímį, dímì 5/6, (7/8), 11/10 (gén.), ny kílémní (!), nl lwám, W.93.1
cf.	b.	A.4 : dr me̍ele, kt mi̍ile | E.1c : gbz mīrī, mēlē ; E.3 : nzk mḭ̄nlā̰
		Par métathèse ? G.140 : (vél + voy) + lat/occl alv son + (a/e) + lat/vibr + (a/u) ; G.141 : occl alv son + e/ə + lat + (ə) + nas bilab
84. un		kl lákká (láská) | A.4 : dr dáká, kt déə̄
		Cf. kl láá (lágá) "un certain" ; mo gólōŋkó "un".
		G.103 : occl alv + i/e/o/u + occl vél
85. homme, mâle	a.	A.2 : lèrúm | B.C. : P.B. -dúmè DP (gén.), ny lúŋ, nd lōm, W.59.1
		G.91 : (voy) + lat/vibr + (lat/vibr) + i/e/o/u
cf.	b.	(kn záíró) | A.4 : dr yéle, kt yírī̌, yíŋə̄ ("personne") ; A.5 : žérū ; A.6 : p/m/m zene ("gens") | B.C. : W.59.11
		Cf. P.B. -yį̀nà 1/2 "inhabitant" (C., S.W.)
86. se coucher, dormir	a.	kl lés- (lét-), ng leŋ | A.2 : lân ("sommeil") ; A.5 : róm ("sommeil") | E.1c : mnj lāŋgɔ̄, gbz là ; E.2 : lō ; E.3 : nzk la | B.C. : P.B. -dáád- "sleep" (vb) (gén.), -dó (7), 13, 19 "sleep" (n) (gén.) ; -tòŋgò 9, (14) "sleep" (n) (N.W., C. & S.E.), nl leli, W.57.1/3/4/6/7
cf.	b.	(kn kənə̂m "sleep" (n)) | A.4 : dr nəm ("sommeil"), kt nʌ̄m ("sommeil") ; A.6 : (gén.) nám ("sommeil")
87. trou	a.	kl bàláà (bəlágà) | A.6 : p/m/m lākre, nj lóko, P lɔ́k

cf. b. A.2 : dòō ; A.4 : dr də̀əu, kt dēle ; A.5 : tо̀o | E.1c : mnj dú ; E.2 : (kù-)dú ; E.3 : nzk dú | B.C. : ny tú(g)

cf. percer c. A.6 : (gén.) tum, tuŋ | E.1a : tokaa | B.C. : P.B. -tób- (N.C.), -túb- (gén.)

88. étoile ng kḛ́rə̰̄wḛ́ | A.6 : g/p rù, d rùʔi, nj (mbá̰i-)mā̰u, P (mbá̰i-) rā̰u ; A.11 : tékélé | E.2 : (àmbé-)répè (mais aussi kéɣə́ ∿ ákɨ́árə́) ; E.3 : nzk bákɛ̰̄nlɛ̄

Cf. G.89 (Chari-Nile) : k + (y/w) + i/e/a + lat/vibr + e/a/o/u et G.127 (NS) : w + (i) + vibr/nas, mi-nas alv + i/u

La reconstruction à proposer aurait la forme : (préfixe) + (n) + rɛ + (p). La forme en fali comporterait deux préfixes.

Remarquons aussi les racines en P.B. -nyényè (N.E., C.W.) et -yényèdɨ́ 9/10 (E.), à comparer avec G.128 : m + i/e/u + ny/nw + i/e/a/o + occl alv, vél/affriq pal sour

89. mordre a. kl tá- (tá-skìn), ng to̰ | A.4 : kt tuŋ-ri | B.C. : P.B. -cúm- (C., S.W., N.E.), -tú- (N.W. ; gén. au sens de "pound") ; W.11.2/3

b. A.2 : loom- ; A.4 : dr non ; A.6 : g/p, p/m/m, mb, P loŋ, nj noŋ ; A.11 : nom | E.1a : ɲoŋaa ; E.1c : gbz nɔ̄mɔ̀, zɔ̄ ; E.2 : lō | B.C. : P.B. -dúm- (gén.), ny lom-, nl lom-li, W.11.1

En kn, la racine táskìn signifie proprement "saisir, tenir".

90. nom a. ng rī | A.4 : dr hḭ́u, kt níìle ; A.5 : rím ; A.6 : g/p rìn, p/m/m rīŋ, tèʔdīi, nj ryàŋ, rìm, P rìn, rìŋ ; A.11 : nìrì | E.1a : nín ; E.3 : nzk nlṵ̄mə̰̄ | B.C. : nl díndī

mais cf. b. A.4 : dr yéeli | E.1c : mnj īlī, gbz yērē ; E.2 : ʔɨ̄rī, ʔēlē

Cf. P.B. -yɨ́nà 5/6 (gén.), W.63.1

G.97 : (k + voy) + r + i/u

91. aller a. kl le- | A.4 : dr laa, luu | E.1c : gbz leka | B.C. : W.184.7/12/13

(∿ marcher) Cf. dr lud-de, kt luri "se lever"

cf. b. E.1a : ne ; E.1c : gbz nɔ̰̀nɔ̰́ ; E.2 : nā ; E.3 : nzk nɔ̰ | B.C. : W.184.9/11/16

92. bâton kl ká (kâ) | A.2 : kúsī ; A.4 : kt kə̄əle ; A.6 : mb, nj, P ká̰u | E.1c : mnj kɛ̄kɛ̄

Aussi ng kāgə̄ "arbre, bâton", mais cette racine est plutot ∿ kl kə̀ská "arbre".

93. couper a. kl kám- | A.2 : kaari, kaks- ("fendre") ; A.6 : g/p, d kəŋ, p/m/m kuŋ, mb, nj, P kuŋ, keŋ | B.C. : P.B. -kéc- (N.W., C.E.), -kèd- (gén.), -kèk- (gén.), -kèt- (N., C.), -kànt- (N.E., C.E.), ny ki-, W.28.3a

Cf. dr hak-le "tranchant".

cf. b. ng gaŋ | A.6 : p/m/m ŋgoŋ | E.1a : gomaa
Cf. kn nzok-, f njaa-ra

94. pierre, montagne a. kl kə́ù | A.2 : kúsūm ; A.5 : kòpò ; A.6 : g/p kə́i, p/m/m kēē, d kə́i, nj kóo, kòl, kùn, P kə́ | E.1a : kàa ; E.2 : kàgà, kòtò | B.C. : nl kòhònì, W.90.5/8
La racine kl a les deux sens, "pierre, montagne" ; dans les autres langues, le sens est "montagne" seulement. Cf. f kpɔ̀ɔ́sí "montagne", bnd ɨkpɨ́ "pierre".

mais cf. b. A.4 : dr gū, kt gūre ; A.6 : p/m/m gēere, mb ŋgə́u ; A.11 : gòk | E.3 : nzk gàŋgànlḁ̀
Le sens est toujours "montagne", sauf f "pierre".

95. femme, épouse a. kl kámú (kámú) | A.4 : dr keḛu, kt kʌ̄ ; A.11 : (nì-)kín | E.1a : (ó-)kô ; E.1c : gbz kɔ̄ ("époux, -se") | B.C. : P.B. -kə́dì̥ 1/2 (gén.), -ká, -ké (C.W., N.&C.E.), W.102.1/3
Mais mnj kɔ́lī "homme". Cf. ng kə́, nl ngwá, "mère".

cf. b. A.2 : wô̰ ; A.4 : dr wā-, wō- ; A.6 : g/p, mb, nj wḛ́i, p/m/m wa̰á, d wá̰i ; A.11 : (lò-p-)wʌ́ʌ | E.1a : ó- ; E.1c : mnj wálī, gbz wōrō ; E.2 : àwō | B.C. : ny wā, wá, W.102.4
Mais cf. racine n° 1.

96. genou a. kl ŋgrəmŋgrə́m (ŋgùrùmŋgúrùm), ng kə̀jí | A.4 : kt kúlè ; A.6 : g/p kə́rə́, mb kôr, nj kur | E.1c : mnj kùrú ; E.2 : kōtà ; E.3 : nzk kùkú | B.C. : ny ŋgúlóŋ

mais cf. b. A.5 : gòró ; A.6 : p/m/m góoni ; A.11 : gbêskì | E.1a : gùrù-wí ; E.1c : gbz gbērè, ʔbōrò : E.2 : gbōcō
G.82 : k + u/o/a/i + occl alv/vibr/siffl + i/u

97. sang a. kl kìmê ("rouge"), ng kə́m ("vert")
Mais aussi kn cìmê, cf. A.6 si̥ "rouge" et racine n° 13b.
G.23 : occl vél + e/a/o + (semi-voy, fric sour, occl son bilab + a/e)

b. E.3 : nzk kūlɛ̄ | B.C. : P.B. gì̥dá (5), 6 (N.)
Cf. dr kyellu, heele "blanc". G.22 : (occl vél) + a/e/o/u/∅ + lat/vibr + i/u/e/o

98. froid a. ng kūl
G.36 : occl vél + i/e/a + lat/vibr/occl alv + (i/a/u)

cf. b. (kn kákkù) | A.4 : dr kaʔat

et c. A.4 : dr kaamu, kt kʌp | B.C. : ny keṵ

cf. laver, mouiller d. (kn kalwa-) | A.6 : g/p kol ; A.11 : kɔl

99. voir (∿ connaître) a. ng gəre | A.4 : dr gaa-le, kt gaari ; A.5 : gina
Tous "connaître", sauf A.5 "voir"

cf. b. A.6 : g/p, mb, nj, P **ko**, p/m/m **kwa** | B.C. : ny **ke**, nl **keli-li**
"Connaître", sauf A.6 "voir". Cf. f **kpʌʌ-ra** "voir".
G.116 : occl vél + u/i/e/o/a + lat/nas alv

100. attacher a. (kn **kəl-**) | B.C. : nl **koti**
G.139 : occl vél + a/u + siffl/chuint sour

cf. b. A.6 : g/p, p/m/m, d **ŋgaŋ** | E.1c : mnj **kaŋga** | B.C. : P.B. **-gàŋg-** (gén.), **-kàŋg-** (N., C.), **-kàk-** (C.), ny **kak**

101. quel ? A.6 : p/m/m **kəgé**, d **ká?ī** | B.C. : P.B. **-ká** (C.W., S.W.)
G.149 : k + a

102. cuire (kn **kâr-**) | A.6 : (gén.) **kara**

103. corne kl **kàŋgádí** (**kàŋgádì**), ng **gà** | A.2 : **gāmí** ; A.4 : dr **gà?** **gànu**, kt **gàne**
Cf. nzk **gbāŋgá**. Vd. "queue", racine n° 114.
G.75 : ∅/asp/occl vél + i/e/u + lat/vibr + (voy) et
G.76 : (a) + k + a/wa/o + nas, mi-nas, occl, fric bilab

104. pou kl **kəŋgə́sə́** (**kəŋgə́sə̀**), ng **ŋgísā** | A.6 : (gén.) **gōŋ**, **góŋá**

105. gauche a. ng **gəl** | A.5 : **gàn** ; A.6 : p/m/m **ŋgór**, **goō**, P **gèlè** | E.1a : **gàlì** ; E.1c : mnj **gà**, gbz **gàrè** ; E.2 : **gəlè** ; E.3 : nzk **gálì**
G.85 : g + e/a/o/u + lat/vibr + i/o/u

mais cf. b. A.4 : dr **kpák**, **kpók** ; A.6 : g/p **kpárē**, mb **pórò**, nj **kpélú**, **kpóró**, **kpúrú**

et c. A.4 : kt **bèŋè** ; A.11 : **ngbàalá** | B.C. : ny **?búgdùr**

106. courir a. (kn **kàŋgúlè** "course"), ng **ŋgodo** | A.6 : nj **ŋguna**

cf. peur b. A.6 : g/p **gəri**, p/m/m **gér**, **gál**, d **gée** | E.1c : gbz **gɔ̀** ; E.3 : nzk **gūndɛ́**

107. sexe féminin kl **ŋgóló** | E.1a : **gú?dú**
Cf. ffde **kuttu**

108. dos (∿ derrière) a. ng **gū**, **gīr** | E.3 : nzk **gī**, **gəsì**

cf. b. kl **ŋgápó** (**ŋgáfò**) | E.1c : gbz **ŋgúpā**
G.12 : occl, mi-nas vél + o/u/e + lat/vibr + (voy + nas)
Cf. G.120 : occl, mi-nas vél + u/o/a/e + lat/vibr (+ voy + nas) "épaule"

109. cou ng **gób** | A.2 : **gú** ; A.4 : dr **gāllu**, kt **gāare** ; A.11 : **gûn** | E.1a : **gér-wí** ; E.1c : mnj **gɔ́**, gbz **ŋgɔ̀** ; E.2 : **əgɨ̄** ; E.3 : nzk **gɔ̄nlɔ̰** | B.C. : P.B. **-kòtì̧** 3/4, 5/6 (gén.), **-gòtì̧** (N.&C.E.)
Cf. dr **kògōtu**, nj **kōŋ**

110. dire a. kl **gùl-** | A.2 : **gaam-** ; A.6 : p/m/m **gʌʌra** | E.1c : gbz **ŋgɔ́** ("parole") ; E.3 : z **gúmbá** (T) | B.C. : P.B. **-gàmb-** (gén.), ny **gan**, **gaŋ**, W.86.1

	cf.	b.	A.6 : p/m/m kee, nj ken | B.C. : nl kwed-li, W.86.7
	cf. compter	c.	A.2 : gan- ; A.4 : kt gadi ; A.5 : gara
	et	d.	(kn kǒm-) | A.6 : g/p kḛ, p/m/m kee, d kəə, nj ken, kiŋa, P kika | B.C. : ny kom- Cf. kl kok- "dire"
111.	année		kl nə́ŋgə́ḷí | A.2 : gùsí ("saison des pluies") ; A.4 : kt gʌ̄ʌ ("saison sèche") ; A.5 : gōosé ("saison des pluies") | E.1c : mnj ŋgú ; E.3 : nzk gā̰nlá̰ | B.C. : ny gùr G.158 : occl alv son palatalisée/mi-nas, occl vél + i/ə/o + lat/vibr + i. Cf. A.6 : jál, zál ("saison des pluies").
112.	oiseau		kl ŋgùʔdò | B.C. : P.B. -gídà (9/10), 12/13 (C. & S.W.) Cf. kt góré "aile".
113.	éléphant		A.5 : gōŋ | B.C. : ny gȍŋ, W.34.6 G.54 : occl, mi-nas vél + o/a + lat/nas alv
114.	queue		kl ŋgàwàrè (ŋgàvərè) | A.6 : g/p gál, p/m/m gáʔle, d gáʔdi | B.C. : P.B. -gùndú (3/4) (N.) ou -kídà (3/4) (gén.) G.133 : (k) + i/e/o/u + lat/vibr + i/e/a. Cf. "corne", racine n° 103.
115.	trou	a.	ng goʔi G.72 : a + occl vél + a/u
	cf. percer	b.	A.6 : g/p gəʔ, p/m/m geʔ, mb, nj go, P vo | E.1a : gboaa ; E.1c : gbz gōò
	cf. trou	c.	A.4 : dr va̰u | E.1c : gbz bù
	cf. percer	d.	A.4 : dr ke-, kep- ; A.11 : kpɛ̀f- | E.2 : kpɨ̀
116.	écorce	a.	(kn kárè "shell"), ng kàr | A.4 : dr kùn, kúʔu, kt kə́ə ; A.5 : kótté ; A.6 : p/m/m hér, d hérə, nj/P hói | E.1c : gbz kótò ; E.2 : kpòtò, kɔ̀ŋgɔ́
	cf.	b.	A.2 : pòkȍ ; A.11 : pɔ́ɔŋ | E.1c : mnj pɔ̄rɔ̄ ; E.3 : fūgū | B.C. : ny fwɛ̀ŋ
	et	c.	B.C. : nl hōbí
	cf. peau	d.	A.4 : dr ko̰e, kt kóle ; A.5 : kó ; A.6 : p/m/m hóo, wāke, nj/P hōko ; A.11 : kṵ́uk | E.1c : gbz kótó ; E.2 : ákóá ; E.3 : nzk kpɔ̀tɔ̀ | B.C. : P.B. -kóba 3/4, 5/6, 7/8 (gén.), -kútò 7/8 (N.W.), et -pùcù (5/6), (11/10) (N. & S.W.), W.82
	et	e.	A.2 : gùu | B.C. : P.B. -gùbò 9/10 (N.W. , C. & S.E.) G.13 : occl vél/asp sour + a/o/u + siffl/chuint sour + i/a
117.	sec	a.	kl hár- (hár-) | A.11 : kɔ̀yrí | E.1a : koraa ; E.1c : gbz kárá | B.C. : P.B. -kác- (W., S.E.), W.30.2
	cf.	b.	A.4 : dr woʔo, oko-nu, kt ogə-mi ; A.5 : wak-te ; A.6 : g/p hək, p/m/m yak, nj/P hoko | E.3 : nzk ugu

et — c. E.1c : mnj wɔ́lɛ̀, gbz wōrò ; E.2 : ʔòrò
Cf. aussi P.B. -kám- (gén.)
G.49 : occl vél sour + o/a + occl vél sour + (voy)

118. mourir — a. (kn kɑ̀vȋn "cadavre"), ng we | A.2 : wuu ; A.4 : kt vori ; A.5 : vora : A.6 : g/p, d, mb, nj, P hu, p/m/m wuu ; A.11 : wu | E.1c : mnj kwíì, gbz kpī ; E.2 : wō ("tuer") ; E.3 : nzk kpì | B.C. : P.B. : -kṵ́- (gén.), ny ku, nl ku, W.27.1a/1f
Cf. "tuer", racine n° 3.

119. feu — ng pər̀ | A.4 : dr vēe, vīu, kt və̀ ; A.5 : wáa ; A.6 : d hēʔdi, mb hòra, nj hòre, hòro, P hwàʔde, hòʔde, hòo | E.1a : wèe ; E.1c : mnj wá, gbz wà ; E.2 : òwò ; E.3 : nzk wɛ́ | B.C. : nl wṹh
Cf. f èbí, P.B. -píà 11, 12, 13 (gén.)

120. côté (∿ près) — ng mbór | A.6 : p/m/m gwāri, mb ʔbèl, nj/P gbàŋ ; A.11 : gáarà | B.C. : P.B. -bádì 9/10, 11/10 (C.W., E.) et -bàmb- "become near" (N.W., E.)
G.121 : occl vél + (w/y) + e/a/o + lat/vibr + (a/o)

121. lancer — kl gə̀p- | A.4 : dr gbə-le, kt ben-ni ; A.6 : g/p gbu, nj/P v̂u | E.1a : gbayaa ; E.1c : mnj bì, gbz mbù ; E.2 : v̂ì ; E.3 : bəfu
Cf. f ʔmùk-, nl wáʔá-
G.138 : (a/e/o) + fric. lab-dent sour/occl bilab son + i/e/a/o/u

122. venir — a. kl gə́m- | A.5 : ena
cf. aller — b. A.4 : dr em-ne, kt ʌm-ni
cf. venir — c. A.6 : mb zi, nj gi, P vi | B.C. : P.B. -jį́- (N.)
cf. aller — d. B.C. : P.B. -gį̀- (gén.)
G.37 : k + a/o/i/u

123. aller — a. ng nja | A.2 : ger- ; A.5 : yaana ; A.6 : g/p gan, p/m/m gyaʔa, nj gen | E.1a : yakaa ; E.1c : gbz gɔ̄ | B.C. : P.B. -gè- (N.W.), -gènd- (gén.), -yènd- (gén.), ny ge-
cf. venir — b. A.4 : dr yaa-le, kt yaari | E.1c : mnj gā ; E.3 : nzk ga
cf. aussi — c. E.2 : gū ("venir") | B.C. : nl wendi- ("aller")
G.65 : occl vél + a/e/o

5. Comparaisons

2.13. Nous aurons évidemment besoin de comparer aussi les caractéristiques grammaticales qui peuvent être attribuées, d'après Greenberg, au NS commun, avec celles des langues NS, AE et BC de notre corpus. Nous commencerons par l'étude de ces caractéristiques et passerons ensuite à examiner les items lexicaux.

1. Pronoms personnels

NS : 1e pers. sing. a(i) 1e pers. pl. y
2e pers. sing. (nasale) + i 2e pers. pl. w
3e pers. sing. n

En kl, nous trouvons pour la première personne la marque k (> y > Ø)[6] ; pour la deuxième les marques n et m (∿ NS augment nasal) ; et pour la troisième une marque s. Au sing., ces marques s'associent à une voyelle neutre ou faible (ə) suffixée. Au pluriel, elles portent une voyelle pleine : -e (1e pers.), -u (2e pers.), -a (3e pers.) (∿ NS y, w ?).

2.14. Le kl semble donc distinguer les personnes, au sing., uniquement par les segments consonantiques des pronoms ; mais par les segments aussi bien consonantiques que vocaliques au pl. Par conséquent, on peut analyser synchroniquement les pronoms personnels de cette langue comme composés de deux morphèmes distincts. Mais diachroniquement, au moins, on pourrait aussi supposer que la voyelle neutre suffixée aux marques personnelles du sing. représente une réduction des -e/-u/-a de pl (et que l'opposition sing./pl. se faisait originellement par les tons, par exemple). (Cf. en kn le possessif 1e pers. sing. kàskê avec voyelle pleine).

Au sing., le ng emploie une nasale (m) pour marquer sa première personne (cf. AE, BC) ; la deuxième est marquée par un i (∿ NS commun) ; la troisième par un n (∿ NS commun, AE). Au pl., nous trouvons j à la 1e pers. (∿ NS commun) et d à la troisième. (Nous ne sommes pas sûr d'avoir pu relever correctement la 2e pers. pl.). Il semble

---

6 Dans le kànùrí de Lukas (1937), la vélaire est présente dans la flexion de tous les verbes à la 1e pers. sing. du continu : -ŋ-in (< nk-in ?) ou s-k-in (cf. aussi le possessif kàskê). Nous postulerions pour le kànùrí la règle suivante : k > [g] en position intervocalique et après liquide et m. En kl, g intervocalique et après liquide et m > Ø devant ə, a ; y devant i, e ; et w devant u, o ; sk > kk et nk > k (ou bien le kl n'employait pas cet augment nasal). Ces règles, avec quelques changements supplémentaires (p. ex., ny > n) expliquent les formes existantes dans notre corpus. (Remarquons qu'en kl la règle sk > k n'a pas été universellement appliquée : cf. kl múkó, kn múskò "bras" ; kl yàkkə́, kn yàskə́ "3" ; mais kl kə̀ská, kn kə̀ská "arbre", kl wùskú, kn wùskú "8".

donc que le ng n'emploie pas de pronoms personnels à deux morphèmes, mais nous pouvons remarquer l'absence de voyelles associées aux marques consonantiques.

2.15. Voici le tableau des pronoms personnels des langues AE de notre corpus :

	1e s	2e s	3e s	1e pl	2e pl	3e pl
A.2 (s)	Ǹ-	Ǹ-	gō-n	ə́	vōní	ī
A.4 (dr, kt)	m + voyelle antér. à ton haut	m + voyelle postér. à ton haut	ō/kō/Ø	bā, bə̄ vé, vó	vó, ví, və́	vō, və̄
A.5 (mo)	Ǹ-	Ǹ-	ō	ò	m(àí)	í
A.6 (lakka)	m + voyelle antér. à ton bas	m + voyelle postér. à ton bas	kV̄/n(ī)[7]	n(V́) rū	?b(āi) w(āi) b(āi)	kū/rV
A.11 (f)	pas de données disponibles					
E.1a (gby)	mí	mé	à	e'e	éné	wà
E.1c (gbz)	mā	lò	ā/yé	yā	yī	wó
(mnj)	mā	mǫ̀̃	?ǟ/?ɛ́	?ā/nā	?ī	wȫ/ȫ
E.2 (bnd)	mə̄	bə̀	cè (< cə̀)	à əzə́ (< əzé)	yē	ənjē
E.3 (nzk)	mì	mò	kọ́	ànì	ònì	àkó

On est tenté d'essayer de reconstruire en AE commun un système de pronoms personnels dans lequel une consonne marquerait le nombre (une nasale au sing., une occlusive bilabiale - cf. PB ba-, marque de classe 2 - ou Ø au pl.), alors que les voyelles marqueraient la personne (cf. Gregersen, 1972). (Le n qui apparaît parfois à la 3e pers. sing. - et cf. le NS commun - est peut-être en rapport avec la racine *ni ou *ne "personne" ; en AE commun la marque de la 3e pers. sing. a pu être Ø.) Les voyelles à reconstruire seraient antérieure pour la 1e pers. et postérieure pour la 2e.

Pourtant, les langues de notre corpus appartenant aux groupes E.1 et E.2 ne s'adaptent pas facilement à cette hypothèse. Remarquons en particulier le bnd, qui emploie des marques consonantiques (différentes au sing. et au pl.) pour les personnes, mais y attache une voyelle neutre (ə) au sing. et une voyelle pleine (e) au pl.

---

7 En vue d'une comparaison avec le kl, remarquons qu'en pam la marque du possessif à la 3e pers. sing. est -zə̄.

2.16. Voici le tableau des pronoms personnels en ny, nl et PB[8] :

	1e s	2e s	3e s	1e pl	2e pl	3e pl
ny	mī (mə̄)	(w)ū ((w)ə̄)	ŋ-wūrō	yí	?dēwī	?būrō
nl	m-	w-	∅	ha	ŋ-	b-
PB	į-n-e	u-e	-e/-o/∅	į-ɲu-e	į-cu-e	-e/-o/∅

La situation en PB pourrait être analysée de la façon suivante :

marques (consonantiques) des personnes : 1e n
2e w, c
3e ∅

marques (vocaliques) des nombres : sing ∅
pl (y)u

Mais cette analyse n'est pas synchroniquement applicable aux langues actuelles, le ny et le nl.

2.17. L'analyse des pronoms personnels en deux morphèmes trouve donc des justifications (synchroniques ou diachroniques) dans les trois groupes, NS, AE et BC. Néanmoins, la variation dans les types de structure morphématique et dans les formes phoniques des morphèmes composants ne permet pas de proposer une reconstruction précise (mais cf. Gregersen, 1972).

2. Démonstratif

NS : t

En kl : áttə́ (átə̀) (proche), tútú (loin).

En ng, nous trouvons des démonstratifs le/ne (proche), no (loin), comme dans plusieurs langues A.6 ou ai > e, au > o.

Il ressort du tableau des démonstratifs (cf. *infra*) que le AE possède un démonstratif proche marqué par une voyelle antérieure et un démonstratif lointain marqué par une voyelle postérieure. Cette voyelle peut être accompagnée de diverses consonnes préfixées (surtout nasale, occlusive alvéolaire, occlusive vélaire) dont le contenu sémantique n'a pas été déterminé. Si nous supposons que les formes kl sont redoublées (c-à-d, áttə́ < (a)tətə), nous avons une marque démonstrative t-, et une opposition proche/loin représentée par une opposition vocalique (voyelle faible/voyelle forte (u)), situation très proche de celle que nous trouvons en AE.

[8] Les éléments grammaticaux du PB que nous citons ont été extraits de Meussen, 1967.

	proche	loin
A.2 (s)	ǎn	
A.4 (dr)	yè/dè	dù
(kt)	yò	wì
A.5 (mo)	mê	dó
A.6 (lakka)	ø-/k-/n-ái	ø-/k-/n-áu
A.11 (f)	pas de données disponibles	
E.1a (gby)	hḛ̀	
E.1c (gbz)	nĩ́	
(mnj)	nī/nɛ́	
E.2 (bnd)	yē	wó (< kó)
E.3 (nzk)	mɛ́	mú

2.18. Voici le tableau des démonstratifs en ny, nl et PB :

ny	láù	lû
nl	tɛ̀	nū
PB	-nóo	-día

Alors que les démonstratifs du ny et du nl s'accordent avec l'analyse proposée ci-dessus, ce n'est pas le cas du PB.

3. Les cas

NS : gén. n, acc. k, loc. l

kl : gén. wè (vè), mais la marque du possessif est n.

acc. : Nous ne relevons pas d'acc. en kl, à part un -a (< ga), qui marque l'acc. des pronoms personnels.

loc. -n "à, dans", làn "sur" (vd. GREENBERG, 1966, p. 131). Le kl a en plus une marque de direction, ro (le datif de LUCAS, 1937).

En ng, le rapport de gén. est exprimé par li (∿ NS commun ?) et le loc. par di (∿ NS commun). Nous n'avons pas relevé d'acc.

En AE, le gén. est exprimé le plus souvent par la simple juxtaposition des termes[9]. On ne relève pas de marque d'acc. (seul le

[9] Néanmoins, nous avons l'exemple d'au moins un dialecte dourou (le pani), où le pronom possessif 3e pers. sing. commence à être employé comme marque de gén. Cf.

fəl zágu
griffe panthère "la griffe de la panthère"
bú púk -wáa
foie animal 3e sing. "le foie de l'animal"

Nous attribuons ce phénomène à l'existence simultanée de deux sortes de constructions juxtaposées : cf. les exemples ci-dessus et

púk ɲāʔu
animal boyaux "les boyaux de l'animal"

La différence d'ordre dans ces constructions a pu distinguer la possession aliéna-

pronom de la 3e pers. sing. prend parfois deux formes pour distinguer le nom. des cas objets). Le loc., à son tour, est marqué par des fonctionnels dérivés d'items lexicaux. (Certaines langues font exception à cette règle d'absence de marques de cas, en ce qui concerne le loc. Cf. dr í/lī, kt rī (cf. NS commun), mo á.)

La structure grammaticale du ny et du nl semble aussi étrangère à l'emploi de marques de cas. Par ailleurs, l'existence de classes locatives et l'emploi d'infixes pronominaux dans les langues bantoues rendent problématique la recherche d'éléments susceptibles de comparaison avec ceux que nous envisageons, en NS, sous la rubrique de marques de cas.

4. Pluriels

2.19. NS : pl. k, t, n, i, r ; opposition sing./pl. : n/k, t/k

Nous avons relevé deux pluriels réguliers en forme de suffixe en kl : -wa/-a et -so (collectif).

Le ng emploie le suffixe -ze au pl.

En AE, le pl. semble être le plus souvent en rapport avec la racine du pronom personnel de la 3e pers. pl. : cf. lakka rV, dr, kt, mo, s bV/VV, gby o. (Il est possible que ce même rapport existe entre le pl. so et la marque de la 3e pers. en kl.)

Si diverses marques du pl. peuvent être reconstruites pour les langues NS, celles-ci ressembleraient en ce point aux langues BC, où l'appariement des préfixes nominaux fait que certains soient employés exclusivement comme des pluriels. Par contre, il semble qu'on ne retrouve pas en NS un inventaire semblable de marques du singulier. (Cf. ci-dessus "Préfixes et suffixes de dérivation nominale" pour une discussion plus longue du problème des "marques de classe".)

Le nl semble conserver, pour un petit nombre de racines, des restes d'un système de préfixes pluriels, alors que le ny n'en a plus du tout. Dans toutes les langues que nous avons enquêtées, il est assez rare d'employer un morphème "pluriel" dans le discours, si bien qu'il est souvent difficile de l'obtenir des informateurs ; la pluralité doit normalement être comprise à partir du contexte.

Nous n'avons pu relever dans aucune des langues envisagées des marques consonantiques d'une opposition sing./pl., avec les seules

---

ble de l'inaliénable (idée suggérée par T. Schadeberg). Si ce contenu sémantique s'est estompé, la langue a pu sentir le besoin de développer une marque du gén. afin d'éclaircir le rapport entre les termes de ces constructions. D. Barreteau (comm. pers.) remarque, en mofou, un emploi similaire du possessif 3e pers. sing.

exceptions de kl kám/ám "personne/gens" et de ng kíngá/síngá "os (sing./pl.)" (Mais citons aussi le nl wə̀/bə̀ "personne/gens", ŋgɯ̄ŋ/mbɯ̀ŋ "saison (sing./pl.)".)

5. "Nom" au pluriel

2.20. Le kl et le ng, tout comme les langues AE et BC enquêtées, emploient le mot "nom" au sing.[10]

6. Préfixes et suffixes de dérivation nominale

NS : k (préfixe) ; t (suffixe)

Nous avons pu relever, en kl, des exemples des principaux types de nom verbal (cf. LUCAS, 1937, p. 75-78) :

kàsò (< kàsə́-) "course" : nom verbal "simple" (racine à ton bas)

lété (< lé-) "marche" : nom verbal en -t (∿ NS commun)

kùmbú (< bú-) "nourriture" : nom verbal en kəN- (∿ NS commun)

En ng, les verbes à initiale vocalique préfixent un k- en forme de citation.

Notre questionnaire extensif n'est absolument pas conçu pour faire ressortir des phénomènes de dérivation. Par ailleurs, le repérage de dérivés est particulièrement problématique pour les langues AE, car celles-ci (comme de nombreuses langues africaines) évitent l'intransitivité en plaçant après le verbe un nominal formé sur la même racine (ou son correspondant sémantique, au cas où un tel nominal n'existerait pas) en position de complément, cf.

s	dòp	sòn
dr	nàa	nápu
kt	nʌ̰	vérè
mo	cōna	cōn
P	ndā	ndài
gby	yɓ́	yèe
gbz	nɔ̄	bè
nzk	dɔ̀	gbɛ̄nlɛ́
	danser	danse "danser"

Nous devons donc nous demander dans chaque cas si nous avons affaire à un dérivé nominal formé à partir du verbe ou à un verbe dérivé du nom par suppression de la consonne finale (marque de classe ?).

---

[10] Remarquons cependant en passant que le dr et le ng utilisent un "pluriel de respect", c-à-d., "mon père" est dit litt. "mes pères", et un nom propre, p. ex. Moussa, est litt. "Moussas".

Remarquons enfin les dérivés en *-íde ("façon de") en PB (∿ NS commun **t** ?).

2.21. Le problème des préfixes et des suffixes nominaux en général dans les langues envisagées ici se pose comme fondamental pour une étude comparative. Dans ces langues, des éléments, qui revêtent souvent une ressemblance avec les marques de classe en bantou, semblent (d'après le petit nombre de données dont nous disposons grâce à nos questionnaires extensifs) subsister sans fonction morphologique (pas de phénomènes d'accord ni d'alternance sing./pl.). Ainsi, la racine comportant un tel élément comme préfixe ou comme suffixe n'est en principe plus "décomposable" morphologiquement, quoiqu'une étude des fréquences des phonèmes dans des positions déterminées ou des structures syllabiques peut révéler les restes du système originel.

Sur le plan diachronique (et comparatif), ces éléments peuvent être repérés comme des suffixes dans certaines langues et comme des préfixes dans d'autres, ou comme présents ou absents de certaines racines selon la langue considérée.

Le problème est néanmoins rendu plus complexe par le fait que certaines de ces langues semblent subir cycliquement la formation de marques nominales (suffixées ou préfixées), suivie de l'assimilation de ces marques aux racines (c-à-d., de la perte de leur indépendance morphologique).

Prenons, comme exemple de cette assimilation, une racine bantoue "huile" : *-kṵ́tà, *-gṵ́tà 6. Nous avons cette même racine en dr, kt et ny sous la forme **kúm**. La comparaison pourrait donc établir la dérivation suivante pour ces langues (sauf emprunt en ny) : *kútV̀-mV̀ > *kút-mV̀ > kúm(V) (avec suffixation au lieu de préfixation). Mais cf. la forme de cette racine en f : ŋgɔ̀skí. Ici nous voyons d'abord que le suffixe est -kV au lieu du -mV régulier pour les massifs. La dérivation jusqu'à la forme actuelle en f pourrait donc être : *kútV̀-kV̀ > *kúsV̀-kV̀ > *kús-kV̀, plus l'intervention d'une prénasalisation (avec sonorisation subséquente de la vélaire), d'une ouverture vocalique et d'une inversion tonale à un point non déterminé du processus (cf. par contre nl ŋgúmá, qui suggère la dérivation suivante : *mV̀-kútà > *mkútà > *ŋkútà > *ŋgútà-ma (c-à-d., rajout d'une nouvelle marque de massif après l'assimilation de l'ancien préfixe, suivi de chute de la voyelle intermédiaire et réduction du groupe consonantique pour donner la forme actuelle).

2.22. Mais parfois, l'assimilation fait tomber la consonne du préfixe. Soit PB *-dímè (*-dímì, *-dímị̀) 5/6, 7/8, 11/10 "langue". Dans le sous-groupe A.6 nous avons : *dém(ὲ/è/ì)-dV > *d(é/í)m-dV > (r/l)(é/í)m en d, mb, nj, mais rīl en p/m/m (cf. aussi le cas intermédiaire, g/p rīn, avec assimilation de la nasale au point d'articulation du suffixe).

Or, dans ce même sous-groupe, on remarque aussi la création d'un nouvel ensemble de suffixes nominaux (-kV/-rV/-mV) qui donnent lieu, à leur tour, à de nouveaux groupes consonantiques intervocaliques (vd. les racines n° 22 et 77 de notre liste comparative pour quelques exemples en -mV). Dans certaines langues, ces groupes sont déjà en cours de réduction, et ailleurs on remarque des métathèses qui témoignent de la perte d'indépendance morphologique de ces suffixes.

Le kl et le ng se distinguent des langues AE en ce qu'ils ont (ou ont eu) des préfixes au lieu de suffixes nominaux[11]. Nous pouvons réduire à quatre (à savoir, kV-, tV-, bV-, N- (= prénasalisation)) l'inventaire des préfixes dans ces langues, quitte à en postuler d'autres en vue d'une comparaison plus approfondie (p. ex. mV-). En kl, le suffixe kV- est de loin le plus fréquent, mais il est remarquable que les racines du corpus qui sont comparables à des racines bantoues n'appartiennent que très rarement aux classes marquées par un kV- en PB (7, 12, 15). Mais par contre, certaines racines en kV- en kl qui trouvent une correspondance probable en AE ont un suffixe -k dans certaines langues des sous-groupes A.4 et A.6, cf. :

kl kà-jím "herbe"	d cù-ki "herbe"
kl kà-njé "fumée"	p/m/m syá-k "cendre"
kl kə̀-lá "tete"	d tè-ki "tête"
kl kà-ŋgàdí "corne"	dr gàʔ (prob. < *gàk) "corne"
kl k-wá "époux"	mb wàr-ké "homme, mari"

De même :

ng kẹ́-rā̰wẹ́ "étoile"	d rùʔi "étoile"

2.23. Par contre, la racine "langue" (n° 83 de notre liste) a un préfixe tV- en kl et appartient en même temps à la classe 5 (au sing.) en PB (vd. ci-dessus).

---

11 Le lecteur pourra remarquer aussi, dans notre liste comparative, la présence d'un certain nombre de préfixes tV- en p/m/m (plus précisément en moundang). De rares exemples de ce phénomène se présentent dans d'autres langues A.6 (aussi parfois des kV-). Par ailleurs, le bnd représente une exception à cette règle générale de suffixation ; il possède un grand nombre de racines nominales à préfixe vocalique.

La prénasalisation est très courante en kl, néanmoins il est difficile de trouver de bonnes correspondance entre racines prénasalisées en kl et racines à préfixe nasal en PB.

Si donc un rapport doit être postulé entre le kl (comme représentant de la famille NS) et les langues NC (en considérant les langues bantoues comme particulièrement conservatrices dans cette famille), il faudra supposer une simplification considérable du système de classes (en fait, un reclassement de la plupart des noms dans trois ou quatre classes, dont une, marquée kV-, contiendrait en plus les dérivés en k cités par GREENBERG). Cette simplification constitue un stade intermédiaire avant la perte totale des fonctions morphologiques des classes [12].

En ng, le système de classes semble avoir été presque éliminé par suppression des marques (quoique la prénasalisation est aussi très fréquente dans cette langue). Nous trouvons pourtant un certain nombre de racines marquées kV- (cf. n° 73 "graine" de notre liste) ; mais d'autres marquées kV- en kl n'ont plus de marque en ng (cf. n° 104 "pou"). En plus, il est possible que certaines racines de structure CV-CV aient perdu leur voyelle radicale finale pour donner CVC. Cf. ng tìl "nuit", tār "bouche", kàr "soleil".

Si nous supposons que le ng devait en effet posséder, dans un état plus ancien, des préfixes nominaux, l'absence de traces de ces préfixes dans le cas de la plupart des racines de la langue laisse penser à l'intervention d'un stade d'indépendance morphématique où ils se seraient détachés des racines, plutôt qu'assimilés comme en AE.

7. Négatif

2.24. NS : m/b

En kl, la négation s'exprime, selon les cas, par bâ ou par (g)ànı́ ((g)ànyı́).

Le suffixe négatif en ng est -l.

---

[12] Il est intéressant de remarquer la présence, dans certaines langues tchadiques (p. ex. le kuang de Ngam), de systèmes de classement à deux termes (les critères sémantiques indiquent qu'il s'agit de genres) employant les préfixes kV- (masc. sing.), tV- (fém. sing.) et ka- (pl. sans opposition de genres). (La situation est en réalité plus complexe : il semble exister en plus diverses marques suffixées ; certains noms ne sont pas marqués pour un genre, etc., mais cette extension des marques k/t au-delà des hypothétiques frontières génétiques est frappante.) Nous devons ces renseignements concernant les langues tchadiques à P. BOYELDIEU.

En AE, on trouve les morphèmes suivants : A.2 (s) **só**, A.4 : (dr) **pélé/nē/ʔú**, (kt) **pāi**, A.5 (mo) **gbá**, A.6 (lakka) **ya**, (A.11 (f) : pas de données) ; E.1a (gby) **ná** (prohibitif **ká**), E.1c : gbz **só/dē** (prohibitif kɔ̄), E.2 (bnd) **nē**, E.3 (nzk) (**ngā**)...**dū/kā** (pɛ̄pɛ̀ "non").

Les négatifs nl **ká/kì** peuvent être rapprochés de la marque du négatif en PB (forme pré- ou postinitiale des verbes), reconstruite comme ***kV** ou comme ***tV**. En ny, par contre, la marque du négatif est **pé**.

On remarque une diffusion assez grande de marques négatives à consonne initiale occlusive bilabiale ou occlusive vélaire.

8. Instrumental/Accompagnement (cf. racine NS n° 157 de GREENBERG : **ki/e/a/o**)

2.25. Le kl marque l'instrumental par **-n** et l'accompagnement par **-a** (d'après LUCAS (1937, p. 146), la marque **-n** peut avoir, en kl comme dans beaucoup d'autres langues de cette région, un sens associatif).

En ng, la particule marquant l'instrument est də̀. Un s- marque l'accompagnement.

AE : A.2 (s) **béè**, A.4 : (dr) **kan/kun/gun**, (kt) **vən**, A.5 (mo) **ne**, A.6 : (g/p, p/m/m) **na**, (ko) **ba**, (nj, P) **ka/ki**, A.11 (f) : pas de données ; E.1a (gby) **ne**, E.1c (gbz) **lɛ́** (pas de données pour le mnj, le bnd et le nzk). Le pormi et le d du sous-groupe A.6 sont les seuls à employer un morphème différent pour distinguer l'accompagnement de l'instrumental (pormi **bēn**, d **bē**ʔ).

L'associatif PB ***na** peut être mis en rapport avec le nl **ni** "avec". Mais le ny emploie ʔ**bé** "avec".

Trois racines semblent ressortir assez clairement : à initiales occlusive bilabiale, nasale alvéolaire et occlusive vélaire.

9. Inaccompli/accompli (vd. n° 42 de la liste grammaticale de GREENBERG, NS **k** "passé")

2.26. Le kl marque l'accompli (parfait de LUCAS) par **-na** et l'inaccompli (continu de LUCAS) par **-(i)n**.

Le ng suffixe **-au** aux pronoms personnels sujets pour marquer l'inaccompli ; l'accompli est une forme non marquée.

En AE, l'accompli est normalement une forme non marquée et l'inaccompli est marqué par diverses particules, selon la langue, mais surtout par **nV** (présent en A.2 (s), A.4 (dr, kt), A.5 (mo), A.6 (g/p, p/m/m, nj, mb), E.1a (gby)). Une occlusive alvéolaire est aussi employée (**tV** en A.5 (mo), A.6 (p/m/m, d), **dV** en A.4 (dr) ; cf. aussi un ʔ**dV** en A.6 (P, mb)).

MEUSSEN (1967) suppose un inaccompli PB avec formatif *á/*à/*dà, final *à, et un accompli avec formatif *à/*á et final *ídé.

10. Réfléchi

NS : r

Le kl emploie un infixe -tə- pour marquer le réfléchi (la troisième forme de LUCAS ; cf. kl tíɔ́ "corps").

Nous n'avons pas relevé de forme réfléchie, ni en ng ni dans nos langues AE (à l'exception de certaines langues A.6 qui emploient l'item lexical "tête").

On reconstruit en PB un infixe verbal *-í- (ou *-jí-, *-jíì-), qui marque le réfléchi.

2.27. Le bilan de cette comparaison de quelques traits grammaticaux n'est pas défavorable à l'hypothèse d'un rapport génétique entre les langues NS et AE. Nous voulons démontrer maintenant que, sur le plan lexical, il est possible de donner non seulement un ensemble de racines comparables dans un premier examen superficiel, mais en plus un certain nombre de correspondances phonétiques relativement régulières.

Nous proposons des classements hypothétiques des racines comparables uniquement pour les consonnes initiales et les premières voyelles radicales (cf. ci-dessus, § 2.8).

1. *CONSONNES INITIALES*

Semi-voyelles :

2.28. Nous proposerions la reconstruction d'une semi-voyelle labiale pour la racine 1(a-b) et d'une semi-voyelle palatale pour les racines 2 et 3. Mais puisque la racine 1 serait à reconstruire avec une voyelle radicale postérieure et les racines 2 et 3 avec une voyelle radicale antérieure, il n'est pas à exclure qu'elles soient assimilables en fin de compte aux racines à initiale vocalique (n° 4 à 12)[13].

Nasale bilabiale :

Ce phonème pourrait être reconstruit pour les initiales des racines 13-14, qui présentent actuellement m dans toutes les langues pour lesquelles on trouve une racine comparable.

[13] Dans le cas des racines à initiale vocalique, remarquons les correspondances en h/y/w en AE d'après les voyelles radicales, les n initiales en s et les correspondances entre verbes à y initiale en kl et verbes à voyelle initiale en ng.

Mi-nasale bilabiale :

Les racines 15-18 pourraient permettre la reconstruction d'une mi-nasale bilabiale initiale ; mais en fait, les correspondances sont assez diverses, et nous établissons ce groupe surtout en vue du **mb** actuel dans le groupe A.6 (sauf n° 17).

Occlusive bilabiale :

Les racines 19-25 constituent des exemples suggestifs d'une occlusive bilabiale originelle à l'initiale, malgré le caractère indéchiffrable des correspondances.

2.29. La complexité de ces correspondances ne doit pas nous surprendre. Si le lecteur consulte les reconstructions de MANESSY (1969) pour le groupe gurunsi et (1975) pour les langues Oti-Volta, et les compare avec celles que nous avons faites à l'intérieur du groupe A (1974), il trouvera plusieurs racines qui sont certainement d'origine commune. Nous pouvons citer p. ex. :

	consonne initiale	
	en gurunsi	en Oti-Volta
"mouton"	$*B_2$ (= p)	*p
"blanc"	$*B_2$ (= p)	*p
"feuille"	$*B_3$ (= Φ)	*v
"vent"	$*B_3$ (= Φ)	*v
"chien"	$*F_2$ (= v)	*b

Dans notre comparaison des sous-groupes A.4 et A.6, ces mêmes racines se distribuent comme suit :

	consonne initiale
"feuille", "chien"	$*S_3$
"mouton"	*H
"blanc"	*B
"vent"	*PF

Il est très possible que l'analyse nous amène enfin à reconstruire pour la proto-langue une seule occlusive bilabiale, qui se serait scindée en plusieurs classes phonématiques dans les langues actuelles selon des conditionnements qui seront certainement très difficile à établir.

2.30. Fricative bilabiale :

Vd. racines n° 26-31. Les correspondances seraient ∿ kl **b** ng **mb** ; A.2 (s) **v**, A.4 (dr, kt) **v**, A.6 (lakka) **p/w** ; E.1a (gby) **b**, E.1c (mnj, gbz) **b/m**, E.2 (bnd) **b**, E.3 (nzk) **b/m** ; PB ***b**, ny **p**, nl **b**.

Mais cf. aussi la racine n° 31a pour des correspondances différentes. La similarité des racines dans ce dernier cas suggère la possibilité d'emprunt.

Autres racines à bilabiale initiale :

Les racines n° 32-39 ont une distribution assez éparse sur la région que nous envisageons (sauf n° 36). Aucune reconstruction ne peut être tentée, mais remarquons la fréquence de l'implosive bilabiale.

Affriquée bilabiale :

Nous désignons ainsi un hypothétique phonème dont les correspondances actuelles seraient : kl occlusive sourde (ou sonore) ; A.2 (s) occlusive sourde, A.4 (dr, kt) occlusive sourde, A.6 (lakka) fricative sourde, A.11 (f) occlusive (ou fricative) sourde ; E.1a (gby) occlusive sonore, E.1c (mnj, gbz) occlusive sourde, E.2 (bnd) occlusive sourde ; PB occlusive sourde, ny occlusive sourde, nl fricative sourde (correspondances incertaines pour le ng et le nzk). Ces correspondances peuvent être prises comme normales pour une série de consonnes ayant un même mode d'articulation à des points différents. Pour le point d'articulation bilabial, vd. n° 40 (cf. aussi 4(c-f)) ; pour les autres point d'articulation, vd. ci-dessous.

2.31. Nasale alvéolaire :

Vd. racines n° 41-45. Le petit nombre de racines comparables dans certains cas, et la présence de labialisations et de palatalisations dans d'autres, rendent assez difficile la spécification de correspondances.

Nasale palatale :

Vd. racines n° 46-48. Une autre interprétation postulerait une semi-voyelle palatale originelle avec un préfixe nasal.

Mi-nasale alvéolaire/palatale

Racines n° 49-50. La racine n° 49, tout comme la racine n° 16, doit être reconstruite avec diverses mi-nasales initiales.

Occlusive alvéolaire sourde :

Les racines n° 51-57 donnent une base solide pour la reconstruction de ce phonème, représenté par t dans toutes les langues actuelles.

Occlusive alvéolaire sonore :

Racines n° 58-61a. Les racines ne sont pas assez répandues pour permettre de proposer des correspondances exactes. (Cf. aussi la racines n° 73(d).)

Autres racines à alvéolaire initiale :

Les racines n° 62-65 ont une distribution éparse et des correspondances irrégulières.

Affriquée alvéolaire :

Vd. racine n° 66 et les commentaires (§ 2.30) concernant l'affriquée bilabiale. (Cf. aussi la racine n° 55(d).)

2.32. Sifflante/chuintante/affriquée palatale sourde :

Les correspondances (racines n° 67-80) sont suffisamment diverses pour ne pas permettre de déterminer si la reconstruction d'un seul phonème ou plus s'imposerait. Nous avons ordonné cet ensemble de racines d'après les initiales en dr : **s** (n° 69-71), **h** (74-77), initiale vocalique (78-80).

Sifflante sonore :

Les racines n° 81-82 en constitue des exemples possibles, mais insuffisants pour pouvoir établir des correspondances. (Cf. aussi les racines n° 13(b) et 71(b).)

Latérale et/ou vibrante :

Il est assez difficile de déterminer si on pourrait reconstruire deux phonèmes, latérale et vibrante, au lieu d'un seul pour l'initiale des racines n° 83-88. Plusieurs langues qui ont fait objet d'enquête possèdent cette opposition à l'initiale, mais elle est plus rare à l'intervocalique.

Une alternance l/r/n(vd. racines 89-91) pourrait être interprétée comme conséquence d'un contexte nasal (présence d'une autre nasale dans la racine), ou comme résultat d'une mi-nasale (nl) originelle.

2.33. Occlusive vélaire sourde :

Les racines n° 92-102 justifieraient la reconstruction de ce phonème ; remarquons que le kl atteste parfois ce qui peut être interprété comme un préfixe nasal.

Occlusive vélaire sonore :

Le caractère généralisé du **g** initial semble assez clair dans les racines n° 103-115 ; mais on pourrait s'attendre plutôt à un assourdissement dans le groupe A.6. La généralisation de ŋg en kl est aussi frappante.

Les racines "aller/venir" (122-123) représentent peut-être des exemples d'une vélaire palatalisée initiale originelle.

Affriquée vélaire :

Vd. les racines n° 116-117 et les remarques ci-dessus (§ 2.30) concernant les affriquées bilabiales.

Labio-vélaire sourde :

Nous proposons les racines n° 118-119 comme exemples de ce phonème, quoique les correspondances sont quelque peu diverses dans les deux cas : kn v (w), ng **w/p** ; A.2 (s) **w**, A.4 (dr, kt) v, A.6 (lakka) **h**, A.11 (f) **w** ; E (général) **w/kp** ; BC **k/w**.

Labio-vélaire sonore :

Les exemples sont très peu complets (racines 120-121), mais exigeraient qu'il soit tenu compte de l'éventualité de cette reconstruction.

2. *VOYELLES RADICALES*

2.34. Nous n'essayons pas de classer toutes les racines du corpus d'après leurs voyelles radicales, mais uniquement de prendre un certain nombre d'exemples qui fourniraient une base relativement solide pour la reconstruction d'un système à huit voyelles : **a**, ɛ, **e**, **i**, ɔ, o, **u**, ə. Nous donnons ci-dessous, pour chacune de ces voyelles, les numéros des racines pertinentes et les correspondances dans les langues actuelles.

- **i** : 49, 79, 81(b), 90. Correspondances : **i** généralisé (PB *į).
- **e** : 3, 11, 61, 85(b). Correspondances : généralement **e**, mais aussi **i** en A.6 et dans certaines langues d'autres groupes (PB *į/*i).
- ɛ : 4(e-f), 5, 24, 74, 77(a). Correspondances : kl, ng **a**, A.2 (s) **a/e**, A.4, A.5 (dr, kt, mo) **e/ʌ**, A.6 **a** (groupe occidental)/**e/i** (groupe oriental), A.11 (f) **a/e**, E.1a (gby) **e**, E.1c (mnj, gbz) ɛ/**a**, E.2 (bnd) **i**/ə, E.3 (nzk) ɛ, nl, ny **e/a** (PB *e).
- **u** : 19, 23, 54, 96, 111. Correspondances : généralement **u**, mais aussi ə (kl et autres) ou **o** (PB *ų).
- **o** : 51(a-b), 89. Correspondances : généralement **o**, mais parfois u (ng, kl et autres) (PB *ų/*u)
- ɔ : 1, 80(a, c), 109. Correspondances : kl **a/o**, ng o ; A.2 (s) **u**, A.4 (dr, kt) **a/o**, A.5 (mo) **o**, A.6 (lakka) **a/o**, A.11 (f) **u** ; E.1a (gby) **e/i**, E.1c (gbz, mnj) ɔ, E.2 (bnd) ɨ, E.3 (nzk) ɔ ; (PB *u).
- ə : 93, 94, 116. Correspondances : kl, ng **a**; A.2 (s) **a/u**, A.4 (dr, kt) **u**, A.5 (mo) **o**, A.6 (lakka) ə/**u/e**, A.11 **o** ; E.1a (gby) **a/o**, E.1c **o**, E.2 (bnd) **a/o**, E.3 (nzk) **a** ; PB *e/*u, ny **e/i**, nl **o**.

Une autre correspondance est donnée par les racines 22, 88, 119, 121 : kl u/e/ə, ng e/ə, A.4 (dr, kt) e/ə, A.5 (mo) a, A.6 (lakka) u/e/a/ə, A.11 e ; E.1a e, E.1c (gbz, mnj) a/i/u, E.2 (bnd) e/o/i, E.3 (nzk) ɛ/ə ; PB *ṵ/*u, ʌ, ny ʌ, nl u.

En rapport avec cette voyelle centrale fermée, vd. aussi les racines 58, 92, 105, 106.

a : 14, 15, 26, 29, 36, 46, 66(a). Correspondances : généralement a. Cf. aussi la racine 123(a-b).

2.35. Notons d'ailleurs les ensembles de racines suivants :

1) n° 40, 58(a-b), 70, 75, 76, 118 qui, sans correspondances régulières, suggèrent un *wi.

2) n° 8, 20, qui pourraient donner lieu à la reconstruction d'une racine avec deux formes (voyelles a et i en alternance).

3) n° 4(a-b), 43, 45, 55(d), qui pourraient être reconstruites aussi sous deux formes, avec alternance des voyelles a et u, et n° 31a, avec alternance a/i/u.

4) n° 2, 59, 68, qui représenteraient une seule racines à reconstruire avec diverses consonnes initiales et avec voyelles i et u. Pour d'autres cas de cette même alternance i/u, vd. n° 28, 49, 77(b-c).

6. Conclusion

2.36. A cause des ressemblances lexicales présentées ci-dessus, il peut être impossible au linguiste de déterminer, à partir des listes comparatives de Greenberg, à quelle famille appartient une langue isolée. Considérons l'exemple du ndeewe, recensé à Garoua par M. Dieu et M. Sachnine. Le lexique de cette langue contient les items suivants, rapprochables

- aux racines NS :

  təv-wi "bras" (G.6, mais cf. ci-dessus, n° 65(a))

  piti-ce "cendres" (∿ G.9 ?)

  gulle "oiseau" (∿ G.18 ?, mais cf. PB *-gį́dà)

  ʔduŋ "noir" (G.21, mais cf. ci-dessus n° 59)

  ʔdi "feu" (G.61, mais cf. PB -dìdò)

  muri/muraʔa "homme/mari (∿ G.79 ou G.91 ?)

  bo-ce "se coucher" (G.86)

  tete "pou" (G.89, mais cf. ci-dessus, n° 56)

  wuri "cou" (G.100)

- aux racines NC

  seu "plume" (cf. ci-dessus, n° 75)

  naki "vache" (cf. W.22.1 et ci-dessus, n° 50)

  cam-wi "herbe" (cf. ci-dessus, n° 76)

  noogi "mère" (cf. ci-dessus, n° 48b)

  tuku-ce "nuit" (cf. W.64.1 et ci-dessus, n° 55)

  ciki "sable" (cf. ci-dessus n° 69)

  nii-ce "voir", di-ce "oeil" (cf. W.36 et ci-dessus, n° 9)

  bwi "dix" (cf. W.112.3)

  paape "aile" (cf. W.101.1 et ci-dessus, n° 22)

- aux racines NS et NC

  ho̰fe "écorce" (cf. G.13, W.82.1/2 et ci-dessus, n° 116)

  ɲin-ce "dent" (G."Eastern Sudanic".117, W.94.1)

  gbol-ce (G."Chari-Nile".24, W.21.6)

  ʔdogle "oeuf" (si < ʔdo-g^{V}le : cf. G.53, W.33.1 et ci-dessus, n° 21)

  a-joku-ce "chaud" (cf. ci-dessus, n° 82)

  rim-wi "nom" (cf. G. 97, W.63.1 et ci-dessus n° 90)

  kwan-wi "sel" (cf. G."Chari-Nile".79 et PB -kédè 3.

  fari "pierre" (cf. G."Chari-Nile".91 et ci-dessus, n° 29)

Pour pouvoir classer génétiquement cette langue, il nous faudrait des listes comparatives beaucoup plus complètes pour divers groupes des deux familles, NS et NC.

APPENDICE

ITEMS PEU UTILES POUR ÉTUDES SUPERFICIELLES EN LINGUISTIQUE COMPARATIVE

Pour certains items de notre questionnaire, les réponses sont extrêmement diverses, arrivant parfois à fournir une racine différente pour chaque langue. Ceci peut inciter à chercher des racines apparentées parmi les réponses à d'autres items dans le même "champ" sémantique. C'est ce qui arrive notamment dans le cas des items "petit" (∿ "enfant, garçon"), "grand" (∿ "beaucoup"), "maison", "nombril" et "lourd" (∿ "épais"). Nous pensons qu'il est extrêmement dangereux d'employer de tels items dans un travail comparatif superficiel portant sur les langues envisagées ici, car il est très difficile de savoir où il faut tracer les limites de la ressemblance sémantique. Ainsi est-il facile de trouver des corrélations aussi "malléables" et à la fois aussi douteuses que celles que nous établissons dans la liste qui suit.

La racine "chien" mérite une considération à part. Nos données doivent être comparées aux reconstructions de MANESSY (1975). Les faits laissent évidemment penser à plusieurs analyses comparatives, sans permettre de choisir une reconstruction définitive.

enfant, petit a. kl gàná ("petit"), ng ŋ̀gún, ŋ̀gán ("enfant") | A.4 : dr gbuŋ ("étroit") ; A.5 : gùtí ("court") ; A.6 : g/p gín ("petit"), p/m/m wṵ́wṵ́n ("son enfant"), d gí ("petit"), nj gūn ("petit"), P ("petit") ; A.11 : hʌ̀m ("enfant") | E.3 : nzk gūtūkpə̀ ("court") | B.C. : ny ŋwūn ("enfant")

b. A.2 : wéemí ("petit") ; A.4 : dr wāu ("enfant"), kt wārwā̰/vārém ("enfant (s/pl)") | B.C. : nl wà ("enfant")

Cf. G.124 : k + o/u + l/r

c. ng mam ("étroit") | A.2 : mírí/mém ("enfant") ; A.4 : dr ʔbít(-wāu) ("petit") ; A.5 : bātāŋ ("étroit") ; A.6 : p/m/m (də̀-)bīē ("enfant"), d ʔbēŋ-ni ("enfant") ; A.11 : mbɛɛr- ("petit") | E.1a : bɨ̂m ("enfant") ; E.1c : gbz mbɛ̀tí ; E.2 : ə̀gbə̀lə̀/(g)bè(-sē) ("enfant") ; E.3 : nzk wīlí ("enfant"), bəsī ("fils") | B.C. : ny mbír(-ām) ("enfant"), mbə̀ŋ ("court"), nl mbɛŋga ("étroit")

G.24 : occl son/nas/implos bilab + a/u/e + r

d. A.4 : dr (wā-)ʔdíiná ("petit") ; A.5 : ží ("petit") ; A.6 : g/p dìi ("enfant"), mb njíkí ("petit"), nj ndí(-kít) ("petit") | B.C. : nl njí ("petit")

e. A.6 : tḛu ("étroit") | E.1a : tíkíʔdí ("peu") ; E.1c : gbz tí ("petit") | B.C. : ny tə ("petit"), nl tíŋgɯ ("court")

f. kl tátá ("enfant") | A.2 : tòri ("court") ; A.6 : g/p tāp ("petit"), p/m/m to̰o ("court"), nj tóp ("petit")

g. ng ʔdugri ("court") | A.5 : ʔdôkó ("petit"), A.6 : nj ʔdók ("peu") | E.1a : (gə̀-) dék ("petit") ; E.1c : gbz dɛ̄ŋgɛ̀ ("étroit") ; E.3 : nzk dà̰ ("petit")

Cf. G.125 : occl alv + i/e/a/o/u + occl, nas alv

nuage (∿ pluie, pleuvoir, tomber, descendre)

a. ng ər ("pleuvoir") | B.C. : ny rīí ("pluie")

Cf. A.5 dàa ("pluie"), PB -dị́á 6 (N.W., C.W.) "eau", W.100.3

b. A.2 : dùrí ("pluie") ; A.6 : g/p (á-)rùl-mi ("nuage")

Cf. G.58 : occl alv + i/e/o/u + (occl, fric vél)

c. A.6 : p/m/m, nj, P le ("tomber")

d. E.1a : tikaa ("tomber") ; E.1c : gbz : tī ("tomber"), mnj tī ("tomber") ; E.2 : tē ("tomber") ; E.3 : nzk ti ("tomber")

Cf. G.58 et G.57 avec (nas, mi-nas vél) en troisième position.

e. kl céérà (nk cégərɑ̀ "thunderstorm") ("nuage"), ng kōró "poussière") | E.1a : kōró ("pluie")

G.35 : k + e/o/u + occl alv + i/u

grand, beaucoup

a. ng **gbe** ("grand") | A.5 : ?**beta** ("lourd") ; A.11 : ?**bɛl** ("grand") | E.1c : gbz **ngbí/ngbé** ("grand") ; E.3 : nzk **gbata** ("grand")

b. kl **párák (fárák)** ("large") | A.5 : **pēné** ("grand"), **beé** ("long") ; A.6 : **pe** ("long") | E.1a : **pesaa** ("large") ; E.1c : gbz **pɛ́rɛ́** ("large"), **mbírì** ("beaucoup")
G.84 : occl bilab + i/a/o/u

c. ng **bùlà** ("beaucoup") | A.4 : dr ?**bùu** ("beaucoup") ; A.5 : **poore** ("large")

d. A.4 : dr **kpo̰** ("grand") ; A.6 : d **gbək** ("grand") ; A.11 : **kpʌk-** ("large"), **ngbʌk-** ("lourd")
G.93 : occl bilab + i/e/a/o/u + r/l

lourd, épais

ng **nder** ("épais") | A.2 : **dìŋ** ; A.4 : **zii?** ("épais") ; A.6 : g/p **yi**, p/m/m **yi**, **hḭ**, d **ii**, mb **zi**, nj **yi**, **zi**, P **yi**, **hi** | E.1c : gbz **tili** ; E.2 : **lɨ**
Cf. PB **-dìtò** (N.W., C.W., N. & C.E.) ; G.71 : occl alv sour + a/e/i + occl vél. Cf. aussi ffde **tekki** "lourd".

maison

a. kl **njím** | A.4 : kt **siri** ("rester") | B.C. : ny **sì**
Cf. PB **-jíbò** 9/10 (W.).

cf. endroit

b. A.6 : g/p **káŋ**, d **kēn**, nj/P **gèl** | B.C. : ny **kaa**
G.78 : k + (w) + e/o/a

nombril

a. (kn **súró**) | A.5 : (?**dùŋ-**)**sòrôk** ; A.6 : p/m/m **sòo** ("corps"), d **sōa** ("corps"), mb **sòŋ** ("corps"), P **sɔ̀k**, **sāk** | E.1c : gbz **sà(-nzā)** | B.C. : ny **cóŋ**, nl **tóŋlī**
G.98 : s + i/e/o + r

b. ng **mē** ("ventre") | A.6 : g/p, nj **món**, **mánài** ("corps")
Cf. kl **kùmátén** "foie". G. (occl vél/asp) + o/u + m + i/a/o/u + (occl vél sour/occl alv sour/vibr

chien

kl **kərí**, ng **bísī** | A.2 : **wànā**, A.4 : dr **ɲàʔàt**, **yīu**, kt **yéē** ; A.5 : **zaá** ; A.6 : g/p, d **gái**, p/m/m **gaá**, **goó**, nj, mb **gái**, **gói**, P **vái** | E.1c : mnj **mbò** ; E.2 : (**yā-**)**vóró** ; E.3 : nzk **bàná** | B.C. : ny ?**bóu**, nl **bóō**, PB **-búà** 9/10, 12/13 (gén.)
G.46 : wi/wo/han/an/a + s + i/a . Cf. cette même racine dans les langues "Oti-Volta" (Manessy, 1975).

BIBLIOGRAPHIE

BOYD, R., 1974, *Etude comparative dans le groupe Adamawa*, Paris, SELAF (Bibliothèque, 46).

GREENBERG, 1966, *The Languages of Africa*, La Haye, Mouton.

GREGERSEN, E. A., 1972, "Kongo-Saharan", *Journal of African Languages*, 11, 1, pp. 69-89.

GUTHRIE, M., 1971, *Comparative Bantu*, London, Gregg International Publishers.

LABOV, W., 1972, "The Internal Evolution of Linguistic Rules", in STOCKWELL, R. P., et MACAULAY, R. K. S. (éds.), *Linguistic Change and Generative Theory*, London, Indiana University Press, pp. 101-171.

LUCAS, J., 1937, *A Study of the Kanuri Language*, London, Oxford University Press (réimp. 1967 : London, Dawsons of Pall Mall pour l'IAI).

MANESSY, G., 1969, *Les langues gurunsi*, Paris, SELAF (Bibliothèque, 12-13).

1975, *Les langues Oti-Volta*, Paris, SELAF (Langues et Civilisations à Tradition Orale, 15).

MEUSSEN, A. E., 1967, "Bantu Grammatical Reconstructions", Tervuren, *Annales du Musée Royal de l'Afrique Centrale* (Série in 8°, Sciences Humaines, n° 61).

SAMARIN, W. J., 1971, "Adamawa-Eastern", in SEBEOK, T. A. (éd.), *Current Trends in Linguistics : Linguistics in Sub-Saharan Africa*, La Haye, Mouton, pp. 213-244.

TUCKER, 1959, *Le groupe linguistique zandé*, Tervuren, Annales du Musée Royal du Congo Belge.

WILLIAMSON, K., 1968, 1973, *Benue-Congo Comparative Wordlist*, Ibadan, West African Linguistic Society (2 vols.).

TABLE des MATIÈRES

Imprimé à la SELAF
75010 PARIS
(France)

SOCIETE D'ETUDES
LINGUISTIQUES ET ANTHROPOLOGIQUES
DE FRANCE

5 rue de Marseille - 75010 PARIS

BON de COMMANDE

Quantité	Désignation	Prix unitaire	Prix total
.....	"Bibliothèque de la SELAF" - numéro simple .... N°..	....	....
.....	"Bibliothèque de la SELAF" - numéro double .... N°..	....	....
.....	"Bibliothèque de la SELAF" - numéro triple .... N°..	....	....
	Collection "TRADITION ORALE"		
.....	- "Langues et Civilisations à Tradition Orale" N°.. N°.. N°..	....	....
	- "Langues et Littératures de l'Afrique Noire" N°..	....	....
.....	Collection "ASIE DU SUD-EST ET OCEAN INDIEN" N°..	....	....
.....	AMERINDIA, revue d'Ethnolinguistique amérindienne N°......................................	....	....
.....	LACITO-Documents .... N°..	....	....
.....	ORALITE-Documents .... N°..	....	....
Total			

NOM :

ADRESSE d'expédition de la commande :

ADRESSE de facturation :

MODE DE REGLEMENT (joint à la commande) :
Chèque bancaire
Chèque postal
à l'ordre de la SELAF

PUBLICATIONS DE LA SELAF

Bibliothèque de la SELAF

Les années 1967 et 1968 sont parues sous le titre "Bulletin de la SELAF"

Année 1967

1. Gladys GUARISMA
   Esquisse phonologique du bafia (langue bantoue du Cameroun méridional) - *2° édition*
2. Marcel GROSS
   Essai pour une phonologie du baule (langue kwa de Côte-d'Ivoire) - *2° édition*
3. France CLOAREC-HEISS
   Essai de phonologie du parler banda-linda de Ippy (langue du sous-groupe Oriental du groupe Adamawa-Oriental, famille Niger-Congo, parlée en République Centrafricaine) - *2° édition*
4. Nicole TERSIS
   Essai pour une phonologie du gurma. Lexique gurma-français (langue gur du Nord-Togo) - *2° édition*

Année 1968

5. Claude HAGEGE
   Description phonologique du mbum (langue du groupe Adamawa, famille Niger-Congo, parlée au Cameroun centre-ouest) - *2° édition*
6. Suzanne PLATIEL
   Esquisse d'une étude du musey (langue des confins tchado-camerounais, famille Tchado-hamitique) - *2° édition*
7. Marie-Paule FERRY
   Deux langues tenda du Sénégal, basari et bedik (groupe de l'Ouest-Atlantique, famille Niger-Congo) - *2° édition*

8. Jean-Pierre CAPRILE
Essai de phonologie du mbay. Emprunts arabes en mbay (langue sara, groupe Soudanais-Central, famille Nilo-Saharienne, parlée aux confins du Tchad et de la République Centrafricaine) - *2° édition.*

9. Paulette ROULON
Essai d'une phonologie du tyembara (dialecte senoufo) - (langue gur de Côte-d'Ivoire) - *2° édition.*

10. Nicole TERSIS
Le parler dendi : phonologie, lexique, emprunts (langue véhiculaire nilo-saharienne du groupe songhai, parlée aux confins du Niger, du Dahomey et du Nigéria) - *2° édition.*

Depuis 1969, nos publications portent le titre "Bibliothèque de la SELAF", sous lequel sont déjà parus :

Année 1969

11. Claude HAGEGE
Esquisse linguistique du tikar (Cameroun) - (famille Niger-Congo, groupe Bénoué-Congo, sous-groupe Bantoïde).

12 - 13. Gabriel MANESSY
Les langues gurunsi. Essai d'application de la méthode comparative à un groupe de langues voltaïques.

14. France CLOAREC-HEISS
I. Banda-linda de Ippy. Phonologie. Dérivation et composition - II. Les modalités personnelles dans quelques langues oubanguiennes (discours direct — discours indirect) — (banda, manza, ngbaka et gbandili du sous-groupe Oriental d'Adamawa-Oriental, famille Niger-Congo).

15. Gladys GUARISMA
Etudes bafia : Phonologie. Classes d'accord. Lexique bafia-français (langue bantoue du Cameroun).

16. Geneviève CALAME-GRIAULE (éditeur)
Le thème de l'arbre dans les contes africains, I - 2° édition.
Introduction, par Geneviève CALAME-GRIAULE
I. L'arbre au trésor, par Geneviève CALAME-GRIAULE
II. L'arbre oven, par Louis MALLART-GUIMERA
III. Dialectique de la vie et de la mort autour de l'arbre dans les contes haïtiens, par Laënnec HURBON

Année 1970

17. Geneviève N'DIAYE-CORREARD
Etudes fca ou balante (dialecte ganja). Système des classes nominales. Lexique fca-français. Textes : I. Travaux et coutumes. II. Histoire. (langue du groupe Atlantique Occidental de la famille Niger-Congo).

18 - 19. Claude HAGEGE

Le mbum de Nganha (Cameroun). Phonologie. Grammaire. (langue du sous-groupe Adamawa, groupe Adamawa-Oriental, famille Niger-Congo).

20. Geneviève CALAME-GRIAULE (éditeur)

Le thème de l'arbre dans les contes africains, II.
Introduction, par Geneviève CALAME-GRIAULE
I. L'arbre justicier, par Veronika GÖRÖG-KARADY
II. L'arbre et le mariage, par Assia POPOVA
III. L'arbre ancestral, par John D. STUDSTILL

21 - 22. Simha AROM

Conte et chantefables ngbaka-ma'bo (République Centrafricaine) - I. Textes, II. Disques (8 textes avec traduction mot à mot et traduction intelligible, notes linguistiques et ethnographiques, commentaires, transcription musicale des chants de chantefables et enregistrement intégral des textes et chants).

Année 1971

23 - 24. Marcel VAN SPAANDONCK

L'analyse morphotonologique dans les langues bantoues (Identification des morphotonèmes et description de leurs représentations tonologiques), traduit du néerlandais et préfacé par Luc BOUQUIAUX.

25. André JACQUOT, Christiane PAULIAN, Paulette ROULON, Yves MONINO

Etudes bantoues I.
I. Devinettes laadi annotées (République du Congo-Brazzaville), par André JACQUOT
II. Esquisse phonologique du duala (République Fédérale du Cameroun), par Christiane PAULIAN
III. Notes linguistiques gbaya (langue Adamawa-Oriental, famille Niger-Congo) :
- *Rapport sur la phonologie d'un dialecte gbaya : le gbaya-'bodoe du groupe kaka*, par Paulette ROULON
- *Note sur la phonologie d'un dialecte gbaya de Berbérati*, par Yves MONINO
- *Esquisse d'une dialectologie gbaya*, par Yves MONINO

IV. Comptes rendus et résumés d'ouvrages et d'articles adressés à la SELAF en 1971.

26. Jean-Pierre CAPRILE

La dénomination des couleurs chez les Mbay de Moissala (une ethnie sara du sud du Tchad).

Notes linguistiques

Littérature orale (Activités d'un groupe d'études de l'ERA 246 du C.N.R.S., Responsable P.-F. LACROIX).
Langages et cultures (Activités d'un groupe d'études de l'ERA 246 du C.N.R.S., Responsable P.-F. LACROIX).
Problèmes théoriques et méthodologiques en description (Activités du groupe d'études de l'ER 74 du C.N.R.S. pendant l'année universitaire 1969-70, Responsable Jacqueline M.C. THOMAS).
Tons, catégories grammaticales et syntagmatique (Activités du groupe d'études de l'ER 74 du C.N.R.S. pendant l'année universitaire 1970-71, Responsable Jacqueline M.C. THOMAS).

27 - 28. Gisèle DUCOS

Structure du badiaranke de Guinée et du Sénégal (phonologie, syntaxe) - (langue du groupe Atlantique-Occidental, famille Niger-Congo).

Année 1972

29. Pierre-Francis LACROIX

L'expression du temps dans quelques langues de l'ouest africain. Etudes lexicales.

I. L'expression du temps en dogon de Sanga, par Geneviève CALAME-GRIAULE.

II. L'expression du temps chez les Bedik et les Basari du Sénégal oriental, par Marie-Paule FERRY.

III. Eléments d'analyse de la notion de temps dans la langue des Peuls du Niger, par Christiane SEYDOU.

IV. La division du temps chez les Peuls de l'Adamawa, par Pierre-Francis LACROIX.

V. Schéma d'analyse socio-linguistique de la notion de temps chez les Tyokossi, par Diana REY-HULMAN.

VI. L'expression du temps en samo, par Suzanne PLATIEL.

30. Anne RETEL-LAURENTIN et S. HORVATH

Les noms de naissance, indicateurs de la situation familiale en Afrique Noire.

31. Yves MONINO et Paulette ROULON

Phonologie du gbaya-kara 'bodoe de Ndongue-Bongowen (région de Bouar, R.C.A.) - (langue oubanguienne).

32. Johannes ITTMANN

Esquisse de la langue de l'association cultuelle des Nymphes au bord du Mont Cameroun. Notes linguistiques + Comptes rendus.

33 - 34. Nicole TERSIS

Le zarma (République du Niger). Etude du parler djerma de Dosso - Phonologie, synthématique et syntagme nominal.

Année 1973

35 - 36 - 37. Gladys GUARISMA

Le nom en bafia (langue bantoue du Cameroun).

38. Pascal BOYELDIEU, Luc BOUQUIAUX, Xavier GUINET, Judith HEDGER

Problèmes de phonologie (yakoma, rundi, sungor, wolof)

39 - 40. Suzanne RUELLAND

La fille sans mains. Analyse de dix-neuf versions africaines du conte.

Année 1974

41. André JACQUOT

Les noms personnels en laadi (Kongo), répertoire onomastique.

42 - 43. Geneviève CALAME-GRIAULE (éditeur)
Le thème de l'arbre dans les contes, III.
Introduction, par Geneviève CALAME-GRIAULE
I. Inventaires africains, par Marie-Paule FERRY, Suzanne PLATIEL, Geneviève CALAME-GRIAULE, Christiane SEYDOU.
II. Le thème de l'arbre en Europe, par Ada MARTINKUS-ZEMP et Frank ALVAREZ-PEREYRE.

44 - 45. Simha AROM et Jacqueline M.C. THOMAS
Les Mimbo, génies du piégeage, et le monde surnaturel des Ngbaka-Ma'bo (R.C.A.).

46. Raymond BOYD
Etude comparative dans le groupe Adamawa.

Année 1975

47 - 48. Pascal BOYELDIEU
Etudes yakoma, langue du groupe Oubanguien (R.C.A.). Morphologie. Synthématique.

49 - 50. Christiane PAULIAN
Le kukuya, langue teke du Congo. Phonologie. Classes nominales.

51 - 52. Paulette ROULON
Le verbe en gbaya. Etude du syntagme verbal en gbaya-kara-'bodoe (région de Bouar, R.C.A.).

Année 1976

53. André JACQUOT, A.E. MEEUSSEN et Claire GREGOIRE
Etudes bantoues II.
1. Etude de phonologie et de morphologie myene, par André JACQUOT
2. Notes sur la tonalité du nom en laadi, par A.E. MEEUSSEN
3. Les suffixes verbaux et les finales de la conjugaison simple en laadi, par Claire GREGOIRE

54 - 55. Luc BOUQUIAUX (éditeur)
Théories et méthodes en linguistique africaine (Communications au IIe Congrès de la S.L.A.O., Yaoundé, avril 1974).

56. C. FAIK-NZUJI M.
Devinettes tonales luba. Tusumwinu.

57 - 58. René LETOUZEY
Contribution de la botanique au problème d'une éventuelle langue pygmée.

Année 1977

59 - 60. Germaine FORGES
Le kela, langue bantoue du Zaïre, Zone C. Phonologie, morphologie.

61 - 62. Jacqueline LEROY
Morphologie et classes nominales en mankon (Cameroun).

63 - 64. Jean-Pierre CAPRILE (éditeur)
Etudes phonologiques tchadiennes.

Année 1978

65. Raymond BOYD et France CLOAREC-HEISS
Etudes comparatives.
1. A propos des ressemblances lexicales entre langues Niger-Congo et langues Nilo-Sahariennes, par Raymond BOYD.
2. Etude préliminaire à une dialectologie banda, par France CLOAREC-HEISS.

66 - 67. Gladys GUARISMA
Etudes vouté (langue bantoïde du Cameroun). Phonologie. Synthématique. Lexique.

68 - 69. Bernard SURUGUE
Etudes gurmance (Niger). Phonologie, Classes nominales. Lexique.

70. Suzanne RUELLAND
Problèmes de sociolinguistique chez les Tupuri du Tchad.

Année 1979

71 - 72 - 73. Henri TOURNEUX
Le mulwi de Mogroum (Tchad). Phonologie. Grammaire.

74 - 75. Suzanne LALLEMAND et Zachari TCHAGBALE
Toi et le ciel. Vous et la terre. Contes paillards tem du Togo.

76. Pascal BOYELDIEU et Marcel DIKI-KIDIRI
Le domaine ngbandi (Oubanguien). Différenciation et convergences.

LACITO-Documents

AUSTRONESIE 1. Maurice COYAUD (éditeur)
Littérature orale (Formose, Laos, Thaïlande et Corée).
1977, 50 p.

AFRIQUE 1. Suzanne RUELLAND
Lexique tupuri (Tchad).
1979, 200 p.

AFRIQUE 2. Jean-Pierre CAPRILE (éditeur)
Contacts de langues en Afrique (fasc. 1).
1979, 120 p.

AFRIQUE 3. Luc BOUQUIAUX (éditeur)
Multilinguisme dans les domaines bantou du nord-ouest et tchadique.
Le point de la question en 1977-78 - (ATP "Internationale" du CNRS).
1979, 250 p.

AFRIQUE 4. Jean-Pierre CAPRILE et Hermann JUNGRAITHMAYR (éditeurs)
Préalables à la reconstruction du Proto-Tchadique.
1979, 204 p.

EURASIE 1. Fanny de SIVERS (éditeur)
Structuration de l'espace dans les langues de la Baltique orientale.
1978, 75 p.

Numéros Spéciaux

1. Luc BOUQUIAUX et Jacqueline M.C. THOMAS (éditeurs) - LP 3-121 du C.N.R.S.
   ENQUETE ET DESCRIPTION DES LANGUES A TRADITION ORALE (2° éd.)
   I. L'enquête de terrain et l'analyse grammaticale, par Luc BOUQUIAUX et Jacqueline M.C. THOMAS (contributions de Simha AROM, Gladys GUARISMA et Jean-Claude RIVIERRE)
   II. Approche linguistique (Questionnaires grammaticaux et Phrases), par Daniel BARRETEAU, Luc BOUQUIAUX, Raymond BOYD, Jean-Pierre CAPRILE, France CLOAREC-HEISS, Michel DIEU, Gladys GUARISMA, Claude HAGEGE, Françoise LEDUC, Patrick RENAUD, Michka SACHNINE, Nicole TERSIS, Jacqueline M.C. THOMAS.
   III. Approche thématique (Questionnaire technique et Guides thématiques), par Simha AROM. Daniel BARRETEAU, Pierre BOITEAU, R.N.H. BULMER, Geneviève CALAME-GRIAULE, Jean-Pierre CAPRILE, Geneviève DOURNON-TAURELLE, Claudine FRIEDBERG, Pierre-Francis LACROIX (éd.).
   (1971), 1975 (2° éd.), 3 vol. 910 p.

2. Denise FRANÇOIS
   Français parlé. Analyse des unités phoniques et significatives d'un corpus recueilli dans la région parisienne.
   1974, 2 vol., 842 p., 2 cartes -

3. COLLOQUES INTERNATIONAUX DU CENTRE NATIONAL DE LA RECHERCHE SCIENTIFIQUE
   LES LANGUES SANS TRADITION ECRITE : METHODES D'ENQUETE ET DE DESCRIPTION (Nice, 28 juin - 2 juillet 1971).
   Préface, par Gabriel MANESSY et Jacqueline M.C. THOMAS.
   I. Préliminaires à l'enquête. Elaboration des questionnaires, par Z. JUNKOVIC, A.N. TUCKER, A. PROST, P.-F. LACROIX, J.H. HOLLYMAN.
   II. Techniques d'information, par M. HOUIS, C. PAINTER, W. SAMARIN, G. CALAME-GRIAULE, G. ROUGET, R. FERRELL.
   III. Problèmes de comparaison généalogique, par G. MANESSY, H. JUNGRAITHMAYR, A.-G. HAUDRICOURT.
   IV. Constitution des corpus et méthodes de description, par J. DONEUX, B. POTTIER, H. OUNALLI et H. SKIK, J.-P. ANGENOT, L. BOUQUIAUX, S. AROM, J.-L. DONEUX, M. HOUIS, J.T. BENDOR-SAMUEL.
   V. Organisation et fonctionnement des équipes de recherche. Programmes et travaux en cours, par P.-F. LACROIX, P. ALEXANDRE, A. DIOP, M.-J. CALVET, J.-L. DONEUX, P.-F. LACROIX et S. PLATIEL, J.-P. CAPRILE, L. BOUQUIAUX.
   VI. Communications non discutées en séances, par S. SAUVAGEOT, J. GILL, Y. PLAM, J. LE SAOUT et L. DUPONCHEL, J. GORGONIEV, E. GREGERSEN, H.A. GLEASON.
   1975, 651 p.

4. Bernard Murray HAGGIS
   La phonie du français chez les trilingues twi.
   1975, 111 p.

5. Daniel CAZES
Epigrafia maya y linguistica mayance. Bibliografia preliminar.
1976, 250 p.

6. V.G. GAK
L'orthographe du français.
1977, 450 p.

7. Catherine FUCHS et Judith MILNER
A propos des relatives.
1978, 173 p.

En préparation :

Luc BOUQUIAUX, Gabriel MANESSY, Jan VOORHOEVE (éditeurs)
L'expansion bantoue (Actes du Colloque International du CNRS, Viviers, Avril 1977).

Bernard POTTIER (éditeur)
La linguistique générale en France.

Marie-Thérèse MORLET
Les études d'onomastique en France de 1938 à 1970.

ORALITÉ-Documents

1. Spiridion SHYIRAMBERE
   Sociolinguistique du bilinguisme. Kinyarwanda et français au Rwanda.
   1978, 620 p.

Collection «Tradition Orale»

"LANGUES ET CIVILISATIONS A TRADITION ORALE"

1. André-G. HAUDRICOURT, *Problèmes de phonologie diachronique* (réédition d'une série d'articles parus dans différentes revues françaises et étrangères).
I. Introduction - II. Principes théoriques - III. Applications à l'histoire du français - IV. Premières applications en Indochine - V. Applications au karen - VI. Applications au vietnamien et au chinois - VII. Applications au miao-yao et au thai - VIII. Conclusions pour l'Indochine - IX. Applications en Océanie.
1972, 384 p., cartes.

2. Gabriel V. SEVY, *Terre ngbaka : Etude de l'évolution de la culture matérielle d'une population forestière de République Centrafricaine.*
Préface de Gilles SAUTTER - I. Esquisse ethno-historique - II. Aspects de la culture matérielle - III. Perspectives d'une économie nouvelle.
1972, 416 p., 52 pl. phot.

3. France CLOAREC-HEISS, *Le verbe banda. Etude du syntagme verbal dans une langue oubanguienne de République Centrafricaine.*
1972, 136 p., 2 cartes.

4. Martine MAZAUDON, *Phonologie tamang (Népal).*
1972, 184 p., 2 cartes.

5. Jean-Claude RIVIERRE, *Phonologie comparée des dialectes de l'extrême-sud de la Nouvelle-Calédonie.*
1973, 206 p., 3 cartes.

6. Roger LABATUT, *Le parler d'un groupe de Peuls nomades du Nord-Cameroun.*
Paris, SELAF, 1973, 318 p., 2 cartes.

7. Petites-Soeurs de Jésus (Agadès), *Contes touaregs de l'Aïr.*
Introd. de Lionel GALAND. Commentaires de Geneviève CALAME-GRIAULE.
1974, 266 p.

8. Catherine PARIS, *La princesse Kahraman. Contes d'Anatolie en dialecte chapsough (Tcherkesse occidental).*
1974, 290 p., 4 cartes.

9. Aurore MONOD-BECQUELIN, *La pratique linguistique des Indiens trumai (Haut-Xingu, Mato Grosso, Brésil). I.*
1974, 260 p., 7 cartes, 9 pl. phot.

10. Aurore MONOD-BECQUELIN, *La pratique linguistique des Indiens trumai. II. Les aventures de Soleil et Lune, et autres mythes trumai (Haut-Xingu, Mato Grosso, Brésil).*
1974, 219 p., 1 carte, 20 pl. phot.

11. Gerald TAYLOR, *Le parler quecha d'Olto, Amazonas (Pérou) : phonologie, esquisse grammaticale, textes.*
1975, 111 p., 2 cartes.

12. Idelette DUGAST, *Contes, proverbes et devinettes des Banen du Cameroun.*
1975, 575 p.

13. Marie-José et Jean DERIVE et Jacqueline M.C. THOMAS, *La crotte tenace et autres contes ngbaka-ma'bo (R.C.A.).*
1975, 228 p., 2 disques 17 cm. 33 t. (réalisation CETO, B. SURUGUE), SELAF-ORSTOM -

14. Alain BOUCHARLAT, *Le commencement de la sagesse. Devinettes rwanda.*
1975, 175 p.

15. Gabriel MANESSY, *Les langues oti-volta.*
1975, 350 p, 1 carte -

16. Gaston CANU, *La langue mo:re. Dialecte de Ouagadougou (Haute-Volta). Description synchronique.*
1975, 490 p.

17. Jacqueline de LA FONTINELLE, *La langue de Houaîlou (Nouvelle-Calédonie).*
1976, 383 p.

18. Jean DERIVE, *Collecte et traduction des littératures orales. Un exemple négro-africain : les contes ngbaka-ma'bo (R.C.A.).*
1975, 256 p., dessins -

19. Nicole TERSIS, *La mare de la vérité. Contes et musique zarma (Niger).*
1976, 130 p., 2 disques 17 cm. 33 t. (réalisation CETO, B. SURUGUE), SELAF-ORSTOM -

20. Françoise OZANNE-RIVIERRE, *Le iaai (langue mélanésienne d'Ouvéa).*
1976, 245 p., 2 cartes -

21. Joseph LE SAOUT, *Etude descriptive du gbã (Côte d'Ivoire). Phonétique et phonologie.*
1976, 447 p., 2 cartes, sonagrammes -

22. Frank ALVAREZ-PEREYRE, *Contes et tradition orale en Roumanie. La fonction pédagogique du conte populaire en Roumanie.*
1976, 337 p.

23. Veronika GöRöG-KARADY, *Noirs et Blancs. Leur image dans la littérature orale africaine.*
1976, 428 p.

24. Marcel DIKI-KIDIRI, *Le sango s'écrit aussi (R.C.A.).*
1977, 150 p.

25. Claudine FRIEDBERG, *Comment fut tranchée la liane céleste et autres textes de littérature orale bunaq (Timor, Indonésie)* - recueillis et traduits par Louis BERTHE.
1978, 294 p., 2 cartes -

26. Lucien DEMESSE, *Changements techno-économiques et sociaux chez les Pygmées babinga. (Etudes pygmées I).*
1978, 2 vol., 350 p., 3 cartes h-t., documents annexes -

27. Suzanne RENOUF - STEFANIC, *Animisme et islam chez les Manza (E.C.A.).*
1978, 425 p., 2 cartes -

28. France CLOAREC-HEISS et Jacqueline M.C. THOMAS, *L'aka, langue bantoue des Pygmées de Mongoumba (Centrafrique). Introduction à l'étude linguistique. (Etudes pygmées II).*
1978, 250 p., 3 cartes -

29. Luc BOUQUIAUX (et al.), *Dictionnaire sango (Centrafrique). Lexique français-sango.*
1978, 667 p.

30. Albert KIENTZ, *Contes sénoufo I.*
1978, 300 p., dessins, photos -

Sous presse :

Frank ALVAREZ-PEREYRE (éd.), *L'espace en Europe (étude interdisciplinaire).*
250 p., photos.

Françoise OZANNE-RIVIERRE, *Textes nemi (Nouvelle Calédonie) I.*
317 p., carte.

Françoise OZANNE-RIVIERRE, *Textes nemi (Nouvelle-Calédonie) II et Lexique.*
355 p.

Jean-Pierre CAPRILE et Claude GADBIN, *Dictionnaire mbay-français et lexique français-mbay (langue sara du sud du Tchad) - I. La faune et la flore.*
250 p., cartes, fig.

Jean-Claude RIVIERRE, *La langue de Touho (Nouvelle Calédonie). Phonologie et grammaire.*
400 p., 3 cartes.

Jean-Claude RIVIERRE et Alban BENSA, *Littérature orale cemuhi (Nouvelle Calédonie) - I.*
450 p., cartes.

Bernhardt SCHEBECK, *Phonologies des langues australiennes.*
2 vol., 850 p., cartes.

Gabriel MANESSY, *Contribution à la classification généalogique des langues voltaïques : le proto-central.*
113 p., carte.

Jean-Michel CHARPENTIER, *La langue de Port-Sandwitch (Nouvelles Hébrides).*
240 p., 2 cartes.

Jean-Michel CHARPENTIER, *Atlas linguistique (Nouvelles Hébrides).*
550 p.

Jean-Michel CHARPENTIER, *Le Bichelamar et le Multilinguisme aux Nouvelles Hébrides.*
180 p.

En préparation :

Jon LANDABURU, *Grammaire de la langue andoke (Amazonie colombienne).*
350 p., carte, fig.

Fernand BENTOLILA, *Le parler berbère des Aït-Seghrouchen d'Oum Jeniba (Maroc). Etude des unités significatives.*
400 p., carte.

1. Pierre ALEXANDRE, *Système verbal et prédicatif du bulu (Cameroun).* Paris, (Klincksieck) SELAF, 1966, 219 p.

2. Geneviève CALAME-GRIAULE, *Dictionnaire dogon, dialecte toro. Langue et civilisation.* Paris, (Klincksieck) SELAF, 1968, 372 p.

3. Idelette DUGAST, *Grammaire du tunen (Cameroun).* Paris, (Klincksieck) SELAF, 1971, 388 p.

4. Idelette DUGAST, *Lexique de la langue tunen, parler des Banen du sud-ouest du Cameroun.* Paris, (Klincksieck) SELAF, 1967, 260 p.

5. Pierre HELMLINGER, *Dictionnaire duala-français, suivi d'un lexique français-duala (Cameroun).* Paris, (Klincksieck) SELAF, 1972, 688 p.

6. François LUMWAMU, *Essai de morphosyntaxe systématique des parlers kongo,* Paris, (Klincksieck) SELAF, 1974, 287 p.

7. Claude PAIRAULT, *Documents du parler d'Iro, kùlááľ du Tchad.* Paris, (Klincksieck) SELAF, 1969, 286 p.

8. Alfa-Ibrahim SOW, *Chroniques et récits du Foûta-Djalon.* Paris, (Klincksieck) SELAF, 1968, 268 p.

9. Jacqueline M.C. THOMAS, *Contes, proverbes, devinettes ou énigmes, chants et prières ngbaka-ma'bo (R.C.A.).* Paris, (Klincksieck) SELAF, 1970, 918 p.

Collection «Asie du Sud-Est et du Monde Insulindien»

1. Bakoly DOMENICHINI-RAMIARAMANANA, *Le Malgache.*
   1976, 120 p., 1 carte -
2. Jacques DOURNES, *Mythes srê. Trois pièces de littérature orale d'une ethnie austro-asiatique.*
   1978, 300 p., 2 cartes, photos -
3. Denise BERNOT, *Dictionnaire birman-français (fasc. 1).*
   1978, 320 p., fig.
4. Nicole REVEL-MACDONALD, *Le palawan (Philippines). Phonologie, catégories, morphologie.*
   1978, 220 p., 2 cartes -
5. Henri CAMPAGNOLO, *Fataluku I. Relations et choix. Introduction méthodologique à la description d'une langue de l'extrême-est de Timor.*
   1979, 200 p., 3 cartes -
6. Adolphe RAZAFINTSALAMA, *Les Tsimahafotsy d'Ambohimanga. Organisation familiale et sociale en Imerina (Madagascar).*
   1979, 200 p., 3 cartes, photos.
7. Jacqueline MATRAS-TROUBETZKOY, *Le village et l'essart. Etude de la culture du riz chez les Brou du Cambodge (Province de Ratanakiri).*
   1979, 500 p., cartes, photos.

Sous presse et en préparation :

André BAREIGTS, *Les Lautu. Contribution à l'étude de l'organisation sociale d'une ethnie chin de Haute-Birmanie.*
520 p.

Denise BERNOT, *Dictionnaire birman-français (fasc. 2).*
300 p.

Denise BERNOT, *Le prédicat en birman.*
400 p.

Claude VOGEL, *Les quatre mères d'Ambohibao (Madagascar).*
379 p.

Pierre CLEMENT et Sophie CHARPENTIER, *L'habitation lao dans les régions de Vientiane et de Louang-Prabang.*
3 vol., 753 p. + 300 p. de fig.

Henri CAMPAGNOLO, *Fataluku II. Description d'une langue de l'extrême-est de de Timor. Phonématique, prosodie, morphologie, syntaxe.*
200 p.

AMERINDIA
Revue d'ethnolinguistique amérindienne

AMERINDIA 1.

Bernard POTTIER, *Editorial.*
Jon LANDABURU, *L'énoncé en langue andoke : sujet ou focus?*
Liliane PORTERIE-GUTTIEREZ, *Les transferts de classes en aymara (zone Lupaka).*
Daniel CAZES, *Glotocronología hña-maclasinca--meco (Otopame).*
Aurore MONOD-BECQUELIN, *Classes verbales et construction ergative en trumai.*
Joaquín GALARZA et Sybille de PURY, Guy BUCHHOLTZER, Abdón YARANGA VALDERRAMA, *Notes et documents.*
Bernard POTTIER, *Bibliographie générale.*
1976, 180 p., cartes

AMERINDIA 2.

Michel LAUNEY, *Le pluriel transcatégoriel -ké' en nahuatl : contribution à l'étude de la relation "être-avoir".*
Juan HASLER, *El pochuteco en la dialectología nahua.*
Daniel CAZES, *Materiales lingüísticos para la reconstrucción de la cultura hña-maclasinca--meco (Otopame).*
Elsa GOMEZ-IMBERT, *Etude préliminaire de la morphologie du nom en tatuyo.*
Jon LANDABURU, *La Tortue et le Jaguar, conte andoke (Colombie).*
André-Marcel d'ANS, *Chilueno ou arauco, langue des Changos du nord du Chili (dialecte mapuche septentrional).*
Gerald TAYLOR, *Les deux frères, conte quechua de La Jalca (Amazonas, Pérou).*
Aurore MONOD-BECQUELIN, *Les amants punis, conte trumai (Haut-Xingu, Brésil).*
1977, 160 p., cartes -

AMERINDIA 3.

Juan HASLER, *Semántica mesoamericana.*
Marie-France PATTE, *Etudes phonologiques de la langue añun (Paraujano), parlée dans la région de Sinamaica (Venezuela).*
André CAUTY, *An approach to the phonological and syllabic systems of the Panare Language.*
Eung-Do COOK, *The Verb "be" in Sarcee.*
Francisco QUEIXALOS, *Etude de la parole : norme et chevauchement phonémiques en langue sikwani (Guahibo).*
Documents :
Daniel CAZES, *Epigraphie maya et linguistique mayane. Bibliographie préliminaire (Supplément n° 1).*
Danièle DEHOUVE, *Deux contes nahuatl de l'Etat de Guerrero.*
Françoise GRENAND, *La Tortue et le Jaguar, conte wayãpi.*
Guy BUCHHOLTZER, *Texteconcord. Programme de concordance générale.*
1978, 180 p., fig.

AMERINDIA est une revue d'ethnolinguistique publiée par l'Equipe de Recherche Associée (ERA 431) du Centre National de la Recherche Scientifique (CNRS, France), équipe dirigée par M. le Professeur Bernard POTTIER.

Elle a pour but de contribuer au développement des études amérindiennes en publiant des articles de linguistique portant sur les langues indigènes d'Amérique, ainsi que des documents et des textes dans ces langues, analysés d'un point de vue linguistique et ethnographique.

Le Comité de Rédaction d'AMERINDIA est disposé à examiner les manuscripts de tous les chercheurs en linguistique amérindienne.

Adresser toute correspondance à :

*COMITE DE REDACTION D'*AMERINDIA
a/s. Professeur Bernard POTTIER, ERA 431
31, rue Gay-Lussac
75005 PARIS (France)

DISQUES - ORSTOM-SELAF

1. Simha AROM et France CLOAREC-HEISS, *Rondes et jeux chantés banda-linda. République Centrafricaine.*
   CETO 745
2. Jean-Claude BARBIER et Bernard SURUGUE, *Funérailles d'une reine bamileke. Cameroun.*
   CETO 746
3. Jean-Pierre DIGARD, *Baxtyâri, nomades de la montagne. Iran.*
   CETO 747
4. TRÂN VAN KHÊ, *Râga Kirwani, râga Gunkali. Inde.*
   CETO 751
5. Michel GUIGNARD, *Voie noire, voie blanche. Mauritanie.*
   CETO 752-753
6. Henri LAVONDES, *Chants et musique des îles Marquises et Tuamotu.*
   CETO 755

Jacqueline M.C. THOMAS, Luc BOUQUIAUX et France CLOAREC-HEISS
Initiation à la phonétique. Phonétique articulatoire et phonétique distinctive.
1976, 1 disque 33 t. 30 cm.

TOUTE CORRESPONDANCE CONCERNANT LES PUBLICATIONS DOIT ETRE ADRESSEE A :

SELAF
5, rue de Marseille
75010 PARIS (France)
Tél. 208.47.66

Les adhésions à la "Société d'Etudes Linguistiques et Anthropologiques de France", ainsi que les renouvellements d'adhésion, sont à envoyer à cette même adresse.

Le règlement des cotisations est à effectuer de préférence par virement postal ou bancaire :

- *soit au compte de la Société :*
  SELAF, n° 40527 C, Crédit Lyonnais, Agence XK 418
  30, Bld de Magenta, 75010 PARIS.
- *soit au CCP du Crédit Lyonnais :*
  Crédit Lyonnais, Agence XK 418, CCP 947 PARIS.

en précisant sur le volet de correspondance :
"Pour le compte n° 40527 C de la SELAF"

Le prix de l'abonnement annuel à la Bibliothèque de la SELAF *est fixé comme suit :*

- *Membres individuels :*
  - *France et Marché Commun* 95 FF.
  - *Autres pays* 120 FF.
- *Bibliothèques, instituts et collectivités :* 165 FF.

Pour avoir le droit de vote *à l'Assemblée Générale Ordinaire, les membres de la Société sont tenus d'acquitter une cotisation dont le montant est fixé, pour l'année, à* 5 FF.

Pour l'achat de numéros isolés ou de collections de la Bibliothèque de la SELAF, *s'adresser directement au siège de la SELAF, à l'adresse ci-dessus, ou aux librairies spécialisées.*

- *prix du numéro simple :* 33 FF.
- *prix du numéro double :* 60 FF.
- *prix du numéro triple :* 77 FF.

Les autres commandes pour les différentes collections ou pour les disques doivent également être adressées au siège de la SELAF

*

Les manuscrits proposés pour la publication sont à envoyer au Comité de Rédaction à l'adresse de la SELAF, ci-dessus. Ils doivent être entièrement dactylographiés, en double interligne. Le mode de présentation, la mise en page et les caractères employés, étant fonction du procédé de reproduction et des normes de la Revue ou de la Collection, sont soumis aux décisions de la Rédaction.

Les manuscrits non insérés ne sont pas rendus.

Le contenu des publications (ouvrages, illustrations, disques), n'engage que la seule responsabilité des auteurs.

Une publication dans les Revues ou dans les Collections ne donne lieu à aucun versement de droits d'auteur. Toutefois, ce dernier recevra dix exemplaires de son ouvrage, ou dix tirés-à-part de son article. Il pourra en outre s'en procurer une dizaine d'exemplaires supplémentaires à tarif réduit.

INSTRUCTIONS AUX AUTEURS

Pour la remise d'un manuscrit à la SELAF, il est demandé aux auteurs de présenter un texte répondant aux normes ci-dessous et de fournir les indications suivantes :

1. Le NOM et les PRENOMS de l'auteur, son adresse et, éventuellement, son numéro de TELEPHONE.

2. Le TITRE de l'ouvrage (aussi concis que possible) et un sous-titre plus développé (indiquant, par exemple, lorsqu'il s'agit d'une langue, son groupe linguistique et le pays où elle est parlée).

3. Un SOMMAIRE (têtes de chapitres et grandes subdivisions de chaque chapitre).

4. Un RESUME de l'ouvrage en 10-15 lignes maximum.

5. Toutes les ILLUSTRATIONS de l'ouvrage (cartes, dessins, photos, schémas) sur papier blanc ou sur calque, *à part du texte* (même si elles doivent figurer dans le texte), avec indication de la *localisation souhaitée* dans l'ouvrage.

6. Un ou des INDEX (sauf pour quelques ouvrages où cela ne s'impose pas), renvoyant aux *paragraphes codés* (voir plus loin § 9) du texte et non pas aux pages du manuscrit.

7. Une BIBLIOGRAPHIE (complète des ouvrages cités dans le texte) respectant les normes bibliographiques rappelées dans la notice ci-après. Dans le texte et les notes, les références aux ouvrages seront faites de la façon suivante :

NOM de l'auteur, date, page - Ex. (ABRAHAM, 1962, 78).

8. Une TABLE DES MATIÈRES détaillée renvoyant aux *paragraphes codés* (voir ci-dessous, § 9) du texte et non aux pages du manuscrit.

9. Un PARAGRAPHAGE CODÉ du texte, c'est-à-dire une division en paragraphes absolument arbitraire : chaque page du texte doit comporter *au moins un* numéro de paragraphe, *au plus trois*. Le numérotage se fait en attribuant à chaque chapitre (y compris Avant-Propos, Introduction) un n° de 1 à x, et en subdivisant en paragraphes allant de 1 à x à l'intérieur de chaque chapitre. Ex. 1.1, 1.2, 1.3, 1.4, ... 1.12, 1.13, 1.14, ... 1.101, 1.102, 1. 103 ..., 2.1, 2.2., 2.3, ... 2.20, 2.21, 2.22 ... (cf. n° 27-28, 29, 31 de la "Bibliothèque de la SELAF", n° 1 et 3 de la collection "Tradition Orale").

10. Le cas échéant, un ENREGISTREMENT sur bandes magnétiques en 9,5 cm/s ou mieux en 19 cm/s de bonne qualité (la Rédaction se réserve le droit de décider, après examen technique, de l'opportunité de la publication sonore).

11. Indication du nombre de TIRÉS-À-PART supplémentaires (payants) désiré. L'auteur reçoit gratuitement 10 tirés-à-part de son ouvrage ou de son article et peut indiquer à la SELAF 10 noms de personnalités (susceptibles de faire un compte rendu) auxquelles il désire voir adresser l'ouvrage.

INDICATIONS BIBLIOGRAPHIQUES

Les auteurs dont les contributions sont destinées à paraître dans les Revues ou Collections de la SELAF sont priés de se conformer aux règles ci-dessous quand ils citent des ouvrages et des articles, ou quand ils rédigent leur bibliographie.

I. OUVRAGES

1) NOM DE L'AUTEUR, en capitales, suivi de l'initiale du ou des prénoms, ou du prénom entier, éventuellement entre parenthèses. *Tiret*.

2) Date d'édition. S'il s'agit d'une réédition, on le signale en le notant explicitement, par exemple (3° éd.), ou en mettant en exposant après la date le numéro de l'édition : 1963^3. *Virgule*.

3) Titre de l'ouvrage souligné. *Virgule*.

4) Lieu d'édition. *Virgule*.

5) Nom de l'éditeur.

6) Entre parenthèses (Titre de la Collection. *Virgule*. Et numéro dans la collection), le cas échéant (si l'ouvrage fait partie d'une collection).

7) Nombre de pages (éventuellement la pagination en chiffres romains pour les Préfaces et Avant-Propos + la pagination en chiffres arabes). *Point*.

8) Lorsque l'ouvrage comporte des illustrations graphiques et/ou sonores, elles seront mentionnées après le nombre de pages, suivi d'une virgule, et avant le point (ex. : 125 p., 2 cartes, 5 pl.phot., 2 disques 33 t. 17 cm.).

Exemples :

ABRAHAM R.C. - 1962 (2° éd.), Dictionary of the Hausa Language, Londres, University of London Press, 992 p.

ABRAHAM R.C. - 1962^2 - Dictionary ...

WESTERMANN (D.), BRYAN (M.A.) - 1952, The Languages of West Africa, Londres, Oxford University Press for International African Institute (Handbook of African Languages, III), 215 p., 1 carte h-t.

II. ARTICLES

1) Idem que pour les ouvrages.

2) Idem que pour les ouvrages.

3) Titre de l'article non souligné. *Virgule*.

4) Lieu d'édition et nom de l'éditeur entre parenthèses.

5) Titre de la revue d'où l'article est extrait, souligné. *Virgule*.

6) Tomaison. *Virgule*. Entre parenthèses (éventuellement) le fascicule. *Virgule*.

7) Pagination de l'article (éventuellement illustrations). *Point*.

Exemples :

SASSOON H. - 1964, A Burial among the Birom, (Londres) Man, LXIV (1), pp. 8-10.

CARTER H. - 1964, Some problems of Double Prefix Distribution in Northern Rhodesian Tonga, (Londres, Macmillan) Journal of African Languages, 3 (3), pp. 241-251.

Lorsqu'un auteur a publié la même année plusieurs ouvrages ou articles, on les cite successivement par ordre alphabétique (sans tenir compte des articles définis ou indéfinis ni des prépositions), en faisant suivre la date de a, b, c, d ... Cette façon de procéder permet, dans le texte, de se référer à un ouvrage ou à un article sans en mentionner chaque fois le titre. En présentant une bibliographie comme dans les exemples ci-dessous, on pourra dire par exemple :

"Le problème a été examiné par MARTINET (1965 b, p. 42)",

plutôt que :

"... MARTINET, 1965, Le mot, Diogène, LI, p. 42."

Exemples :

MARTINET (A.) - 1960, Eléments de linguistique générale, Paris, Armand Colin, 224 p.

- 1965 a, La linguistique synchronique, Paris, PUF, 248 p.
- 1965 b, Le mot, (Paris), Diogène, LI, pp. 39-53.
- 1966, L'autonomie syntaxique, (Paris), Méthodes de la grammaire. Tradition et nouveauté, pp. 49-59.

Lorsqu'un article ou un ouvrage est publié sans date, on remplace celle-ci par la mention s.a. (*sine anno*) ou s.d. (*sine die*). Si le lieu de l'édition n'est pas indiqué, on le signale par la mention s.l. (*sine loco*).

III. COMPTES RENDUS

Le titre de l'ouvrage ou de l'article qu'on recense est cité suivant les mêmes conventions que ci-dessus, mais la date suit le nom de l'éditeur. Après l'indication de la pagination, on fait figurer, si on la connaît, la mention du prix.

Exemple :

HELMLINGER (Paul), Dictionnaire duala-français, suivi d'un lexique français-duala, Paris, Klincksieck (Langues et Littératures de l'Afrique Noire, IX), 1972, XXI+665 p.

Les auteurs désireux de faire paraître un compte rendu de leurs publications dans une revue de la SELAF sont priés d'en adresser un exemplaire au Directeur des Publications, à l'adresse de la SELAF.